小学校英語サポートBOOKS

小学校

外国語活動・外国語

とっておきの言語活動レシピ

recipe

加藤拓由・狩野晶子・東 仁美 編著

明治図書

Preface

まえがき

突然ですが，あなたにとって「最高のレシピ」って何ですか？これまでに食べた中で「一番美味しかった料理」と言ってもよいかもしれません。様々な答えがあると思いますが，多くの人が思い浮かべるのは「おうち料理のレシピ」ではないでしょうか。

毎日食べても飽きない，食べ慣れた安定の味。大人になっても，なぜか，食べたくなってしまう。身体の隅々に取り込まれ，DNA に刻み込まれた「故郷の味」と言えるかもしれません。

さて，本書が「小学校外国語活動・外国語 とっておきの言語活動レシピ」と銘打っているのには理由があります。直山視学官は『初等教育資料 2021年2月号』（p.51）の中で，京都市立朱雀第二小学校が Small Talk の授業実践で導き出した「子供の発話を促す次の7つのポイント」について，次のように紹介しています。

> ① 言おうとしている子供に言葉をかけて**励ます**
>
> ② 子供が言ったことを**認め，繰り返す**
>
> ③ 子供が言ったことに**相づちや反応**を返し，安心感を与える
>
> ④ 子供がつまった時に，**ヒント**を出す
>
> ⑤ 子供に様々な**質問**をする
>
> ⑥ 子供の言った日本語表現を英語表現に**替えて言う**
>
> ⑦ 子供の間違いを，**さりげなく修正**する
>
> （下線・太字は，筆者）

上記の項目は，外国語（英語）の授業で児童の発話を促すために指導者が行っている手法です。しかし，よく見てみると小学校の先生が毎日行っている，当たり前の指導ではないでしょうか。発言を迷っている子供に「先生，色々な人の意見を聞いてみたいな。」と励ましたり，子供の発言を認め「A子さんの意見は，〇〇ということですね。」と繰り返したり，子供の言葉に "Oh, you like mangoes. Me, too." と相づちや反応を返して安心感を与えたりする。外国語に限らず全ての授業に共通する，指導の原理・原則なのです。

外国語（英語）の「言語活動」というと，非常に難しいことのように感じるかもしれませんが，上の例のように，他教科・領域で普通に行っていることを，英語でも繰り返し，丁寧に，行えばよいのです。それはまるで，おうち料理のようにシンプルだけど栄養があって，温かく，小学校外国語の授業にたくさんの栄養を与えてくれます。

本書では，現場で指導をしている先生たちが，普段の授業で行っている「おうち料理」の技を「レシピ」のイメージで公開しています。このレシピを見ながら，それぞれの教室のテイストに合わせた，すてきなアレンジ料理がたくさんできることを願っています。

2021年6月

岐阜聖徳学園大学　加藤拓由

Contents

もくじ

CHAPTER 4

外国語活動　とっておきの言語活動のレシピ

CHAPTER5

外国語　とっておきの言語活動のレシピ

CHAPTER**6**

1 なぜ言語活動が必要なのか？

1 小学校教育における言語活動

　このレシピ本の素材である言語活動について，まずは旧学習指導要領の改訂に向けた中央教育審議会答申に遡って見ていきましょう。「グローバル化の進展に伴い，変化に対応していく能力の育成が求められる中，PISA 調査や全国学力・学習状況調査等の結果からは，児童・生徒の思考力，判断力，表現力等に課題がある」と答申は指摘していました。このような背景から，2008年告示の学習指導要領の基本的な考え方として，思考力，判断力，表現力等の育成のために，国語科だけでなく各教科等においても，児童・生徒の発達の段階に応じた言語活動を行うことが重視されました。

　答申では，言語活動の具体例として①体験から感じ取ったことを表現する，②事実を正確に理解し伝達する，③概念・法則・意図などを解釈し，説明したり活用したりする，④情報を分析・評価し，論述する，⑤課題について，構想を立て，実践し，評価・改善する，⑥互いの考えを伝え合い，自らの考えや集団の考えを発展させる，という6項目が挙げられました。そして，各教科の教育内容として，これらの記録，要約，説明，論述等の学習活動に取り組む必要があると指摘されています。なお，旧学習指導要領中学校外国語科では，言語活動について「言語材料についての知識や理解を深める言語活動」から「考えや気持ちを伝え合う言語活動」までと表記されており，外国語教育における言語活動をかなり幅広く捉えていることがわかります。

　そして，新学習指導要領においても，総則で「言語能力の育成を図るため，各学校において必要な言語環境を整えるとともに，国語科を要としつつ各教科等の特質に応じて，児童の言語活動を充実すること」と述べられています。言語が学習活動において重要な役割を果たすものであることは自明の理であり，言語能力がどの教科においても資質・能力の育成や学習の基盤となることは，小学校教育に携わっている方にとって日々の実践から実感できることでしょう。

2 外国語活動・外国語科での言語活動とは

　では，小学校外国語活動・外国語科での言語活動とはどのような活動なのでしょうか。「小学校外国語活動・外国語研修ガイドブック」（以下，研修ガイドブック）によると，外国語活

動・外国語科での言語活動は，「実際に英語を用いて互いの考えや気持ちを伝え合う活動」とされています。前述のように，他教科では記録，要約，説明，論述等の学習活動を行いますが，外国語を使った言語活動では児童が使える表現は限られています。母語で言語活動を行う他教科に比べると，外国語での言語活動は児童に身近で基本的な内容を扱いますが，このレシピ本では，外国語教育ならではの言語活動の在り方を探求していきたいと思います。

　研修ガイドブックでは，授業で扱う学習活動に関して，言語材料の理解や練習するための指導と言語活動を区別しています。新しい言語材料を導入する際，初期段階では言語材料を理解したり，練習したりする段階も必要ですが，言語活動は，①単語の発音練習，歌，チャンツ，文字を書くことなどの活動で身に付けてきた知識及び技能を活用して，②思考力，判断力，表現力等を駆使しながら伝える内容を自ら再構築し，③目的や場面，状況を考えて，「本当のこと」（子供たちにとって嘘ではないこと）を聞いたり読んだり，話したり書いたりすることです。この捉え方は「言語材料についての知識や理解を深める言語活動」から「考えや気持ちを伝え合う言語活動」までという旧学習指導要領での言語活動の考え方から再定義されたと言えるでしょう。ただし，小学校外国語活動で行われてきた練習は，"Repeat after me." の指示で何度も機械的なドリルをするような無機質な活動ではなく，練習段階の活動であっても，チャンツや歌，絵カード等を活用した楽しい活動であることが多いのではないでしょうか。そして，練習だけで終わっていないか，また練習が言語活動を豊かなものにするための基盤となっているかなど，指導の中で常に言語活動を意識することが必要です。

　旧来の英語教育では，まず，知識及び技能をしっかりと身に付けるための練習活動が重視され，基礎を定着させてから言語を使うという考えが根強くありました。しかしながら，新学習指導要領では，学習活動の中で実際の世界で起こりうるシチュエーションを設定し，初期段階から実際に使いながら言語を身に付けていくという学習のパラダイム・シフトが求められています。曖昧なことに対して，より寛容である小学生は，間違いながら学ぶことが得意です。勘を働かせて聞いてみたら内容を理解できていた，こう言ったら通じるのではないかと考えて話してみたら通じた，という体験を繰り返しながら，子供たちは言語を学んでいきます。

　「言語を使いながら，試行錯誤の中で間違いを自己修正しつつ，言いたいことを少しずつ，そしてできるだけ正確に言えるようになる」ような言語活動を小学校段階でより多く体験することが，中学校以降長く続いていく英語学習の栄養になるのではないかと考えます。今回，このレシピ本の執筆にあたり，小学校外国語活動・外国語科での「おいしい言語活動」とはどのようなものかを3名の編者で何度も話し合いました。そして，目指すべき小学校外国語教育の在り方は，①間違いながら言語を使う，②実際の場面でも使える言語を扱う，③伝えたいという思いが言語に込められている，ということではないかと考えました。CHAPTER4と5でご紹介する言語活動のレシピには，このコンセプトがたっぷり詰まっています。指導事例を通して，子供たちにとって「おいしい言語活動」とはどのようなものかを共に考えましょう。

2 新学習指導要領と言語活動

1 外国語活動・外国語科の目標と言語活動

　この節では，新学習指導要領の目標から言語活動について考えます。下表のように，小学校外国語活動・外国語科，そして中学校外国語科においても「言語活動を通して」目標を達成しようとしていることがわかります。小学校外国語活動・外国語科では，「言語活動を通して」コミュニケーションを図る素地や基礎となる資質・能力の育成することが求められています。

小学校外国語活動	小学校外国語科	中学校外国語科
外国語によるコミュニケーションにおける見方・考え方を働かせ，外国語による聞くこと，話すことの言語活動を通して，コミュニケーションを図る素地となる資質・能力を次のとおり育成することを目指す。	外国語によるコミュニケーションにおける見方・考え方を働かせ，外国語による聞くこと，読むこと，話すこと，書くことの言語活動を通して，コミュニケーションを図る基礎となる資質・能力を次のとおり育成することを目指す。	外国語によるコミュニケーションにおける見方・考え方を働かせ，外国語による聞くこと，読むこと，話すこと，書くことの言語活動を通して，簡単な情報や考えなどを理解したり表現したり伝え合ったりするコミュニケーションを図る資質・能力を次のとおり育成することを目指す。

（下線は，筆者）

　小学校中学年では「聞くこと」，「話すこと」の言語活動，そして高学年では，「聞くこと」，「読むこと」，「話すこと」，「書くこと」の言語活動を行います。言語活動に関する事項は，領域ごとの言語活動として学習指導要領に示されています。

2 小学校学習指導要領外国語科に見る言語活動

　学習指導要領外国語活動・外国語編を読むと，言語活動という言葉が繰り返し使われていることがわかります。ここでは，小学校外国語科の内容，指導計画の作成と内容の取扱いの項で扱われている言語活動に関する記述を読み解いていきます。（以下，下線は，筆者）

　英語の特徴や決まりに関する事項では，「言語材料と言語活動とを効果的に関連付け，実際

のコミュニケーションにおいて活用できる技能を身に付けることができるように指導する」と述べられており，音声，文字，語彙，表現，文構造，言語の働きなどは知識及び技能として個別に指導するのではなく，常に言語活動と併せて指導することとされています。ここでは，言語材料を使いながら，目標言語を身に付けるという視点が求められています。

言語活動に関する事項では，領域ごとの言語活動が示されていますが，解説では，「言語活動を行う際には，単に繰り返し活動を行うのではなく，児童が言語活動の目的や言語の使用場面を意識して行うことができるよう，具体的な課題等を設定し，その目的を達成するために，必要な言語材料を取捨選択して活用できるようにすること」と示されています。目的や場面を意識して言語活動を行うように児童に意識付けするのは，指導者の役割であることを私たちは心に留めておきたいものです。

また，指導計画の作成上の配慮事項として，「単元又は1単位時間の初期段階で言語活動を通して学習内容として設定されている表現の音声を聞いたり話したりするなど，英語の音声に慣れ親しませる活動を展開し，言語の意味や働きなどを理解させることが大切である」とし，取り上げる言語材料について初期段階から音声に慣れ親しむための言語活動を展開するようにと解説されています。初期段階の活動も機械的な練習にとどまらず，児童の関心・意欲を高められるよう，必然性をもたせた言語活動を行うことが望ましいとされています。

一方，言語活動で扱う題材については，「児童の興味・関心に合ったものととし，国語科や音楽科，図画工作科など，他の教科等で児童が学習したことを活用したり，学校行事で扱う内容と関連付けたりするなどの工夫をすること」と述べられており，児童が興味・関心を示す題材の選定が大切であることがわかります。児童にとって身近な題材を使った言語活動の設定は，外国語を使って「伝え合いたい」という意欲を育てます。

最後に，言語活動と文や文構造の指導については，「文法の用語や用法の指導に偏ることがないよう配慮して，言語活動と効果的に関連付けて指導すること」という項目があります。例えば，動名詞や過去形を言語材料として活用する際には，用語の指導や用法の練習が求められているわけではなく，動名詞や過去形を使う必然性がある目的や場面，状況の中で，言語活動として児童が言いたいことを表現するために文構造として活用するということに留意する必要があります。

これまで，コミュニケーション能力の素地を育てる外国語活動の実践を積み重ねてきた先生方にとっては，新学習指導要領での「言語活動の充実」は決して新しい概念ではなく，旧学習指導要領から基本理念として教育現場で引き継がれてきたものであると言えるでしょう。これまで培ってきた教育実践を糧にして，小学校の先生方には，ぜひ「言語活動を通して」，新学習指導要領で求められている小学校外国語教育での言語活動の在り方を探求していただけたらと思います。

3 深い学びと言語活動

1 新学習指導要領改訂の基本的な考え方

　この節では，新学習指導要領の基本方針の一つである主体的・対話的で深い学びの視点から，言語活動を考えていきます。新学習指導要領では，「生きる力」の育成を目指して，各教科等の指導でどのような資質・能力を育てたいかを明確にしながら教育活動の充実を図ることが，より具体的に示されています。そして，資質・能力の三つの柱をバランスよく実現することが重要であり，これらの資質・能力の育成に向けて，単元や題材など内容や時間のまとまりを見通しながら，児童の主体的・対話的で深い学びの実現に向けた授業改善を行います。

　「主体的・対話的」について，総則編の解説では，「学ぶことに興味や関心を持ち，自己のキャリア形成の方向性と関連付けながら，見通しをもって粘り強く取り組み，自己の学習活動を振り返って次につなげる『主体的な学び』（中略）子供同士の協働，教職員や地域の人との対話，先哲の考え方を手掛かりに考えること等を通じ，自己の考えを広げ深める『対話的な学び』」とされています。内容や時間のまとまりの中で，「主体的に学習に取り組めるよう学習の見通しを立てたり学習したりすることを振り返ったりして自身の学びや変容を自覚できる場面をどこに設定するか」「対話によって自分の考えなどを広げたり深めたりする場面をどこに設定するか」という視点で授業改善を進めます。外国語活動・外国語科において指導者は，その特質に応じて，コミュニケーションの目的や場面，状況を意識した言語活動を設定し，児童が身に付けた英語の音声，語彙，表現などの知識をコミュニケーションで使いながら，主体的・対話的で深い学びを実現することが求められています。

2 主体的・対話的で深い学びの実現

　新学習指導要領が目指す深い学びは，各教科等の「見方・考え方」（どのような視点で物事を捉え，どのような考え方で思考していくのか）を働かせることが必要です。そして，外国語によるコミュニケーションにおける見方・考え方とは，「外国語で表現し伝え合うため，外国語やその背景にある文化を，社会や世界，他者との関わりに着目して捉え，コミュニケーションを行う目的や場面，状況等に応じて，情報を整理しながら考えなどを形成し，再構築すること」とされています。主体的・対話的で深い学びの実現に向けた授業改善を進めるために，「各教科等の特質に応じた言語活動をどのような場面で，またどのような工夫を行い取り入れ

るかを考え，計画的・継続的に改善・充実を図ること」が指導者には求められています。

　では，外国語活動・外国語科での言語活動は，どのように深い学びの実現につながるのでしょうか。先述の通り，深い学びは新学習指導要領が目指す授業改善の取り組みに共通する要素の一つです。深い学びの視点は，「知識を相互に関連付けてより深く理解したり，情報を精査して考えを形成したり，問題を見いだして解決策を考えたり，思いや考えを基に創造したりすることに向かう」ものであるとされています。外国語教育では，外国語によるコミュニケーションにおける見方・考え方を働かせながら，言語活動を通して深い学びを実現することになります。研修ガイドブックで，外国語教育における深い学びとは，要約すると「目的や場面，状況に応じて，必然性のある言語活動を通して児童が思考力，表現力，判断力等を発揮して，外国語の音声，語彙・表現等の知識を深め，それらの知識を実際のコミュニケーションで運用する技能を確実なものにしていくこと，また，身に付けた知識及び技能を生かして，思考，判断，表現する力を活用できるようにすること」とされています。深い学びの実現には，言語材料の意味を理解し，必然性のある場面を設定して，その言語材料を使う目的をもった上で言語活動に取り組むことが大切であることがわかります。外国語を使うことで児童はより工夫して伝え合おうとする，ということはこれまでの外国語活動においても言及されてきました。限られた言語材料を最大限に活用して意思疎通を図っていく，外国語教育ならではの言語活動の可能性を拡げていきたいものです。

　本章では，言語活動とは何かを明らかにし，深い学びとの関わりについて考察する中で，言語活動の必要性について考察しました。2002年に総合的な学習の時間で国際理解教育の一環としての英語活動が導入されて以来，小学校教育課程でどのように英語での言語活動を進めるか，試行錯誤が続いています。筆者は12年前の『小学校英語セミナー』（明治図書）の連載で，「子供たちが心から言いたいことを言わせてあげたい」と述べています。本当のことを伝え合う言語活動は，これまで小学校外国語（英語）活動で実践してきた「外国語を使って先生や友達とかかわること」が整理されたと考えられないでしょうか。だとすれば，ここで目指している言語活動は，「食べたこともなく，作るのが難しい料理」ではないでしょう。「栄養満点でおいしいおうち料理」を作るような気持ちで，小学校の先生方も言語活動を楽しんでいただければ幸いです。

［参考文献］
東仁美（2009）．「6年／年間計画と言語材料の解説講座　心から言いたいことを言わせてあげたい」影浦攻・小学校英語セミナー委員会（編）．『小学校英語セミナー　No.34』明治図書.

1 言語活動をデザインするポイント

1 言語活動において押さえておきたい視点

❶「覚えて言える」ことが言葉の学びのゴールではない

CHAPTER1で言語活動とはどのようなものか，その概要について学びました。この章ではなぜ言語活動が大切なのかを，第二言語習得研究や外国語教育の側面から，これまでにわかってきたことに照らして考えます。

授業で児童同士が活発にやり取りしていて，ほとんどの時間，児童たちが発話したり発表したり，活動をしている。あたかもふんだんなコミュニケーションが行われているかに見えますが，あえて自問してみましょう。そのやり取りはお手本をただなぞっているだけではありませんか？その発表活動は，暗記したものを間違えずに言うことがゴールになっていませんか？あるいは暗記させるのはたいへんだからとメモや台本を書いて，それを読み上げたり，あまつさえそこにフリガナを振ったりしていませんか？このような学び方では，いったんはその語彙や表現や，やり取りの手順を覚えたように見えるでしょうが，きっとすぐ忘れます。そしていざ使いたい時には出てこないでしょう。

言葉の学びは，じつは忘れることとの闘いです。一生懸命覚えて使って，でも忘れて，また学びなおして，そして使う。その繰り返しのスパイラルの中で言語は習得されていきます。学習者にとって「目的を持った意味ある活動」で使った言葉こそが，長く記憶に残り，場面や状況に応じて活用できる「生きた」知識や技能として定着するものとなります。指導者はそのことを念頭において，授業での言語活動を，いかにして目的を持った意味あるものとするかに知恵を絞らなくてはなりません。そして同じ言語素材を繰り返し提示し活用しながら，いかに飽きさせず，また，単なる練習活動にせず，児童が気持ちを込めて自分たちの思いを伝え合う活動とするかの工夫が必要になります。

❷目的や場面，状況がなぜ大切なのか

児童の想いが込もった豊かな意味のある言語活動を行うためには，目的や場面，状況をしっかりと設定する必要があります。何のため，誰のため，いつ，どこで，相手は誰なのか，相手との関係性，どんな条件，どんな制約のもとでの言語使用なのか，それによって伝え方も，伝える内容も変わるはずです。もしあなたが「今日のお昼に何を食べましたか？」と聞かれたら

何と答えますか。このやり取りの目的や場面，状況の可能性を考えてみましょう。例えば，病院で診察を受けているのかもしれません。家族と夕ご飯の献立を相談しているのかもしれません。財布をなくした場所を思い出そうとしているのかもしれません。実際の言葉のやり取りにおいては，このように，様々な要因に応じて使う表現や言い方が変わるはずです。

　目的や場面，状況に応じて，言い方を考え相手や設定に合わせて工夫し，自己表現していく中で起きる学びが，言語活動の目指すものです。もちろん小学校の段階ではまだ，この大きな目標に向かって山を登り始めたばかりですので，あまり多くを求めすぎてはいけません。しかし，ただ覚えて正確に言うだけが外国語学習のゴールになってはいけません。言葉を使う力は，語彙や表現の知識量，暗誦力や記憶力に依存した評価軸だけでは測れません。だからこそ，言語活動が授業の中でふんだんに行われ，そしてその言語活動が「思考力，判断力，表現力」を働かせるようにデザインされていることが大切です。そうであってこそ，これらの力を見取ることが可能になります。3観点をバランスよく見取り，評価するためには目的や場面，状況の設定がなされた言語活動が必須なのです。

❸言語活動のゴールは「目的を果たすこと」

　言語活動をデザインする際には「目的が果たされたかどうか」を軸に立てましょう。その言語活動の目的，すなわちミッションがクリアされたか，目指すゴールにたどり着けたかを学習者である児童が実感できることが肝心です。ゴールをなるべく具体的に示すことで，児童は途中で多少うまくいかない場面があったとしてもモチベーションを維持できます。そしてゴールを目指す中であれこれ工夫します。試行錯誤を経ることで，その活動から得る達成感が次の活動へのチャレンジにつながります。

　ゴール設定を「小さく刻む」ことも大切です。大きなまとまった言語活動に向けて，スモールステップの言語活動を積み上げて授業をつくっていく必要がきっと生じるでしょう。その際には，途中段階のゴールを絞り，小さな言語活動をスパイラルに入れていきましょう。例えば，はじめのうちは意味のやり取りを重視して内容を大切にする。伝わればOKとし，形式には寛容に対処する。しかし，次のステップでは学習者が形式も意識するような働きかけをする。このように，丁寧に段階を踏み，その都度ゴールを児童と共有していくことで児童も主体的な学びの道筋を自覚することになります。

❹小学生にとっての「目的を果たす」必然性とは

　小学校児童の世界はごく狭く，やり取りをする相手も場面も限られます。社会的な接点も限定的で，例えば道案内やレストランでの注文なども現実世界では子供にはさせず，一緒にいる大人が行うほうが自然でしょう。そのため，児童にとって外国語を使う必然性を想定した活動は作りづらいという声も聞きます。小学校外国語における言語活動は「互いの考えや気持ちを

伝え合う活動」であることが大切だと CHAPTER1でみてきました。年齢が上がるにつれ，関わる社会が広がり，幅広い場面や状況において多様な「目的」を想定した言語活動が可能になります。しかし，小学校段階では「自分の気持ちを伝えたい，相手の気持ちを知りたい」に，必然性を求めることになります。その時に，「なぜ伝えたい？なぜ知りたい？」と目的意識を持たせ，ゴール設定の中に「こんなことがわかってもらいたい・わかりたい」を具体的に示し，さらに「伝わると・知ると嬉しいから」という気持ちも盛り込みたいものです。

2 言語活動を作る上で大切な要素とは

❶必然性のある目的や場面，状況の設定があること

　必然性がなぜ大切なのか，それは「やる気」すなわち動機付けにつながるからです。児童が互いの気持ちを伝え合い，それによってコミュニケーションの楽しさや伝え合う喜びを得ることが，小学校外国語の大きな目標の一つです。そして，言葉や文化を越え，より相手のことを知りたいという気持ちは，統合的・内発的な動機付けを導きます。これは入試や就職に有利，成績が下がると怒られる，といった道具的・外発的な動機付けよりも長く深く続き，学習者をそのあとの英語の学びへと導いてくれることが期待されます。

❷コミュニケーションの楽しさを体験できる場であること

　児童にとって，楽しさは大きな原動力です。しかし，学級には様々な児童がいて，できることの個人差が大きいため，全ての児童が楽しくわかる活動のデザインには工夫が必要です。取り組みやすい言語活動を，できれば単元の最初の段階から行い，目指す単元終末の活動に向けて言語素材をスモールステップで積み上げましょう。これならできる，ここまでならできる，と思える体験の積み上げが，児童の安心感と自己肯定感に繋がります。伝え合う気持ちを高め，学びに向かう気持ちを育てながら，チャレンジできる場を作ることで，単元の中で段階的にコミュニケーションへの積極的な姿勢を見取ることが可能になります。

❸実際に使いながら言語を身に付けていけること

　言語活動は応用，だからまず練習して基礎を固めてから，とは考えないでください。言語活動を単元の最後に「まとめて」行うのではなく，単元の初めから，まずは児童に取り組ませてみることが大切です。言葉の学びは試行錯誤の中で獲得されていきます。活動する中でこそ得られる学びがあります。初めから完璧に言えなくても，少しくらい間違えたりしても大丈夫。必然性のある活動なら，児童は自己表現をするために必要な知識・技能を，思考を働かせながら表現することで獲得していきます。

3 小学校での「言語活動」だからこそ

❶他教科とも連携できるのは小学校ならではの強み

言語活動で必要なのは，これまでに習ったことをフルに活用して組み合わせて使う力です。でも小学生では言語材料と場面，状況は限定的にならざるを得ません。それを補うためにも，小学校でこそ，担任が（ほぼ）全科目を横断的に教えている強みを活かして，他教科で学習したことを活かした言語活動をデザインしてみましょう。ただしその際には外国語を「使ってみる」ことに重点を置き，内容面での負荷をかけ過ぎないことが大事です。母語であればしっかりわかって，言えることを「外国語を使って」の活動に繋げることで児童の興味・関心や意欲が高まる言語活動になります。

❷学年ごとに変わる学びのゴール

小学校中学年での「外国語活動」と高学年での「外国語」では，言語材料も変わります。さらに，学年ごと，児童ごとの発達段階による違いが大きいため，それに照らして言語活動を組み立て，調整していく必要があります。例えばグループ活動を中学年でどこまで取り入れるかは，児童や学級の実態に応じて変わってきます。個人，ペア，グループと児童の発達段階に応じて活動の単位を変えたり，ゴール設定を柔軟に変えていきましょう。評価をする際にも，特に「思考力，判断力，表現力」については発達段階に応じた目標設定となっているかという視点が大切です。

❸教科書を「アレンジ」

熱心な先生方ほど，子供たちに合わせたオリジナルの言語活動を作らなくてはと考えがちですが，一から作るのは大変です。教科書というプロが用意した素材を，目の前の子供たちに合わせて場面や状況を変えたり，少し足したり引いたり，他教科と結びつけたり，とアレンジして言語活動を組み立てましょう。本書のCHAPTER4と5での指導事例がまさにそのようなアイディア満載の「レシピ」です。どの活動も，児童がほんとうに表現したい気持ちを表出させる機会を確保し，児童にとっての「自分ごと」にして，当事者意識を持たせることで，「必然性」を作る仕掛けを施しています。その表出の方法が多彩なことにも注目してください。絵を描いて表現したり，身振りや声のトーンで意味を伝え合ったり，そして母語である日本語の助けも借りながら，児童は真剣に，自分ごととしてお互いの気持ちを伝え合う活動に取り組みます。まずは伝え合う体験をさせてみる。そして，そこにコミュニケーションの手立てとしての言語材料を，児童の必要に応じて供給していくことで，与えられた知識や技能が活きたものとなって定着に繋がっていくはずです。

❹バックワードデザイン：目指す児童の姿をイメージしながら

　「他者に配慮して」の度合いは学年によって，その児童ごとの発達段階によって違い，それを前提にしての達成目標はそれぞれに異なります。それをふまえて指導と評価のデザインも変わるべきです。まず言語活動のゴールを設定し，そのゴールにたどり着くためにどの道筋をたどればいいかを考えて，「バックワードデザイン」で指導の流れを組み立ててみましょう。『児童にはこんな力を身に付けてほしいから，こんな言語活動をデザインしよう。』すると，『その際に使うのはきっとこういう語彙や表現かな。』と，児童が自分の中で言いたい，伝えたい，表現したい内容から，あらかじめ提示することが必要だと思われる語彙や表現が見えてきます。

　さらに，使い方の具体例を「意味のある」文脈の中で聞かせ，指導者自らが活用し，児童がそれを基に反復したり活用したりする段階も，やはり，学びの過程では必ず通らなくてはならないものだということに気が付くでしょう。意味のない反復練習は避けるべきです。しかし，実際に言葉を使う中で，自分の思いを伝えるための準備となる活動や，そこから得られる言葉への「気付き」を軽んじてはいけません。よいアスリートにとって筋トレが欠かせない要素であるのと同じように，言葉を使いこなせるようになる上で，言語材料を用いた「意思のある」練習は，指導者の投げ方次第で豊かな言語活動になりえます。

4　外国語教育における言語活動の意義

❶言語活動は様々な技能を組み合わせて使う活動

　一つの技能だけを使った言語活動のデザインを考えようとすると，きっと行き詰まります。そもそも全ての言語使用は複数の技能が結びついていると言えます。コミュニケーション自体が送り手と受け手がいてこそ成立します。気持ちを伝え合う言語活動であればなおさらです。例えば文章を「書く」活動は，読み手を想定するからこそ言語活動として成り立ちます。そして「書いて」いる時も，多くの人は頭の中で音声化して推敲したり，音読してどのように相手に伝わるかを確認したりします。

　また，知識や技能を育て，評価する際にも，様々な技能を組み合わせる視点が必須です。例えば「聞く」活動では，聞かせっぱなしにせず，その「聞いたこと」の理解を見取るためには表出させる「話す」や「書く」技能を取り入れた活動が求められます。単体での技能を言語活動として成立させ，その力を測るのはじつはとても難しいのです。

❷言語活動と練習活動の違い：「言葉」の活動のスペクトラムの中で考える

　あえて極端に，自分の気持ちを言っているのが言語活動で，"Repeat after me." で真似をして言っているのが練習活動だとざっくりと区分してみましょう。では，「好きなキャラクターになりきって」とか，「教科書の例から一つ好きなものを選んで」はどちらに分類されるでし

ょうか。光のスペクトラムをイメージしてみましょう。「ここからはオレンジ，ここからは赤」などと，隣り合う色と色の境界をはっきり区分けができるものではありません。「言葉」の学びも，このような捉え方をする必要があります。

　覚えさせたい表現をオウム返しする単純な反復練習は避けたい。しかし，何回も声に出したり使ったりする機会を十分に与えないで「使ってみましょう」も無茶だ。指導をする中で感じるそんなジレンマこそが，言語習得の本質と向き合うものです。どちらかの極に振れることを避けつつ，行ったり来たりしながら「言葉を使った小さな活動」を積み上げていきましょう。

❸学びの過程での誤りを認めよう

　第二言語習得の研究において，学習者は言語習得の過程で自分なりの法則を見つけて試すことで，新たなインプットを得て，自己修正し，中間言語（interlanguage）の表出を経て徐々に言葉を獲得していくのだということがわかってきました。言語は使う中で，試行錯誤を経て獲得されます。本書では，児童の英語の発話での誤りはアスタリスク（*）を左肩につけておおむね原文のままで示しています。児童が自分のことを伝えたい，相手にわかってもらいたい気持ちが，その子なりの工夫に繋がっている，そんな中間言語のサンプルとしておおらかな気持ちで読んでみてください。

❹言語活動は，安心して「挑む」体験ができるチャンス

　指導者はつい，「ちゃんと説明して，ちゃんとわからせないといけない」と思いがちです。そのことで児童が「ちゃんと覚えて，ちゃんと言えなくてはいけない」と，身構えてしまったら，それは貴重な学びの道筋をふさいでしまうことになりかねません。言語活動は，うまく言えない時に，どんなふうに言えばよいのか，試行錯誤する挑戦の場でもあります。きっと児童それぞれに，伝わらないもどかしさや思ったように伝えられなかったくやしさが生まれるでしょう。その気持ちを丁寧に拾い，チャレンジしたことの価値を認めつつ，次のチャレンジへと向かわせる。児童の気持ちの方向付けが指導者の大事な役割です。表層的な知識はインターネットから得られる時代になり，教師の役割は今後知識を授ける teacher から，学びの「場」を作り，見守る facilitator へと変わりつつあります。「なぜうまくいかなかったのか」「ではどうすればいいのか」「そのために必要なことは」「どんな準備や練習をしたらいいか」児童が主体的に気付き，自ら考えて工夫することが，自律的な学習者へ向かう第一歩となります。言語活動は，そのための仕掛けであり，そのための大切な機会だとの意識を強く持ってください。

［参考文献］
和泉伸一（2016）.『第2言語習得と母語習得から「言葉の学び」を考える』アルク.
上智大学 CLT プロジェクト編（2014）.「コミュニカティブな英語教育を考える—日本の教育現場に役立つ理論と実践」アルク.

1　外国語活動・外国語科の目標と言語活動の評価

1　学習指導要領の目標から見える言語活動と学習評価

　CHAPTER1では，言語活動とは何かを定義し，主体的・対話的で深い学びの視点から言語活動の必要性について論じました。また，CHAPTER2では，言語活動の授業づくりの考え方について，第二言語習得理論の知見から考察しました。さて，本章では，言語活動と学習評価について考えてみたいと思います。CHAPTER1でも触れましたが，学習評価を考える上で，今一度，学習指導要領解説に示された，外国語活動・外国語科の目標に立ち戻って考えてみましょう。（文部科学省，2018，p. 11，p. 67）

小学校外国語活動	小学校外国語科
①外国語によるコミュニケーションにおける見方・考え方を働かせ，②外国語による聞くこと，話すことの言語活動を通して，③コミュニケーションを図る素地となる資質・能力を次のとおり育成することを目指す。	①外国語によるコミュニケーションにおける見方・考え方を働かせ，②外国語による聞くこと，読むこと，話すこと，書くことの言語活動を通して，③コミュニケーションを図る基礎となる資質・能力を次のとおり育成することを目指す。

（番号・下線は，筆者）

　どちらの目標も①「見方・考え方を働かせ」，②「言語活動を通して」，③「コミュニケーションを図る素地（基礎）となる資質・能力」を育成する点では変わりません。外国語活動でも，外国語科であっても，目標がほぼ同じであれば，学習評価における基本的な考え方も変わらないことがわかります。本章では①，②，③について，順番に見ていきましょう。

2　「見方・考え方」を働かせるとは

　学習指導要領解説では，「外国語によるコミュニケーションにおける見方・考え方」に関して，次のように説明しています。（文部科学省，2018，p. 67）

（略）「外国語で表現し伝え合うため，❶外国語やその背景にある文化を，社会や世界，他者との関わりに着目して捉え，❷コミュニケーションを行う目的や場面，状況等に応じて，情報を整理しながら考えなどを形成し，再構築すること」であると考えられる。（番号・下線は，筆者）

❶外国語やその背景にある文化を，社会や世界，他者との関わりに着目して捉える

　ここでは，外国語でコミュニケーションを行う際に，「社会や世界との関わりの中で事象を捉えたり，外国語やその背景にある文化を理解するなどして相手に十分配慮したりする」ことが重要であることを述べています。そのためには，言語活動を計画する時に「児童にとって身近な題材で，意味のある，本物のやり取りになっているか？」という視点をもって進める必要があります。「本当に言いたい，伝えたい」と思う活動でなければ，児童は相手意識をもって伝えたり，思考を働かせたりすることがないため，指導者も学習の様子を正しく評価することができないはずです。

❷目的や場面，状況等に応じて，情報を整理しながら考えなどを形成し，再構築する

　ここでは，外国語で表現し伝え合うためには，「適切な言語材料を活用し，思考・判断して情報を整理するとともに，自分の考えなどを形成，再構築する」ことが重要であることを示しています。言語活動を行う際には，児童が本当に伝えたい「内容」があり，習得した知識（既習表現）を「目的や場面，状況」と関連付けて，児童自身が考えを形成したり，思考力を働かせながら，伝える内容を吟味する必要があるということです。練習のためとは言え，思考が働かないゲームのような活動だけでは，学習評価を正しく行うことはできません。

　「見方・考え方」を働かせることについて，『初等教育資料』（2019年9月号，p. 45）には，次のように解説されています。

> （略）コミュニケーション（言語活動）の<u>目的や場面，状況に応じて</u>，<u>子供が伝えたい内容を考え</u>，それを表すのに適切な語句や表現を，それまでに慣れ親しんだ語句や表現からできるだけ<u>子供が考えて選び，表現する</u>活動の中で，子供たちが「外国語によるコミュニケーションにおける見方・考え方」を働かせ，深い学びをしていることが分かる。（下線・太字は，筆者）

　「見方・考え方」は外国語学習における地図やコンパスのような役割を果たします。この「見方・考え方」を確かなものにすることで，児童は，外国語を学ぶことの意味を，自分の生活や社会，世界の在り方と結びつけて主体的に考えられるようになります。また，コミュニケーションを図る素地（基礎）というゴールに向かって山登りをする際には，目的や場面，状況に応じて，どんな表現を使って，どのような内容を伝えたらよいかなど，児童自身が学習調整を図りながら粘り強く学習に取り組む，自律的な学習態度が形成されるのです。

コミュニケーションを図る素地（基礎）

見方　考え方

聞くこと　読むこと　書くこと　話すこと

［参考文献］　直山木綿子（2019）.『初等教育資料　2019年9月号』東洋館出版.

2 言語活動を通した学習指導とは

1 言語活動のポイントと評価

　二つ目に，学習指導要領の目標にある②「外国語による聞くこと，読むこと，話すこと，書くことの言語活動を通して」について考えてみましょう。学習指導要領解説の「(3) 言語活動及び言語の働きに関する事項」には，次のように記されています。(文部科学省，2018, p. 100)

> (2) に示す「思考力，判断力，表現力等」を育成するに当たり，(1) の「知識及び技能」に示す事項を活用して，英語の目標に掲げられた「聞くこと」，「読むこと」，「話すこと [やり取り]」，「話すこと [発表]」及び「書くこと」の五つの領域ごとの具体的な「①言語活動に関する事項」に示された言語活動を通して指導することや，「②言語の働きに関する事項」を適切に取り上げて指導が行われる必要がある（略）。　　　　　　　　　（下線・太字は，筆者）

　「見方・考え方」の項で述べたように，外国語によるコミュニケーションを行う際には，子供が伝えたい内容を考え，それを表すのに適切な語句や表現を，既習語句や表現から考えて選び，思考しながら伝え合うことが重要です。その場合，(2)「思考力，判断力，表現力等」の育成にあたっては，(1)「知識及び技能」に示す事項を活用して，五つの領域ごとの具体的な言語活動を通して指導を行う必要があります。

2 具体的な言語活動を通して行う評価

　では，五つの領域ごとの具体的な言語活動を通して指導を行い，それに基づいて評価を行うとはどのようなことなのでしょうか。上記，学習指導要領解説「①言語活動に関する事項」のア「聞くこと」には，次のような事例が示されています。

> (ウ) 友達や家族，学校生活など，身近で簡単な事柄について，簡単な語句や基本的な表現で話される短い会話や説明を，イラストや写真などを参考にしながら聞いて，必要な情報を得る活動。

　例えば，*We Can!* 2のUnit 8 "What do you want to be?" の　Let's Listen, p.61には「登場人物の将来の夢の話を聞いて，わかったことを表に書こう」という，次のような活動が設定されています。(イラストやスクリプトなど，筆者改)

【Kenta】

将来の夢	理由
野球選手	スポーツが好き。イチロー選手が好き。イチロー選手のようになりたいから。

（スクリプト）

Aoi : What do you want to be?

Kenta : I want to be a professional baseball player.

Aoi : Oh really? Why?

Kenta : I like sports. I like Ichiro, too. I want to be a baseball player like him.

　この活動では，デジタル教材などのまとまりのある音声を聞いて，Kenta の将来の夢や，その理由など「必要な情報」を聞き取ることが目的です。*We Can!* 2では，上の表のように，「将来の夢」や「その理由」など，児童が聞き取るべき項目が，あらかじめ誌面に示されています。この場合は主に「知識・技能」の観点で評価することが可能です。それでは，「思考・判断・表現」の観点を評価したい場合には，どのような工夫が考えられるでしょうか。

　学習指導要領解説にもあるように，「思考力・判断力・表現力」を育成するにあたり，「知識及び技能」に示す事項を活用して，具体的な「言語活動」を通して評価することが重要であるとされています。また，第1節で述べたように，言語活動を行う際には，本当に伝えたい「内容」があり，習得した知識（既習表現）を目的や場面，状況と関連付けて，児童自身が考えを形成したり，思考力を働かせたりしながら行うことが重要です。

　例えば，本書の指導事例には，聞くことの活動で，次のようなベン図を使った活動が紹介されています。※詳細は，CHAPTER5,「話すこと［やり取り］」の指導事例（p.68）をご覧ください。

【課題例】自分の将来の夢について考えるために，教科書の登場人物の将来の夢の話を聞いて，自分と同じだと思うことや，違うと思うことをベン図にまとめてみましょう。

Kenta の夢		私の夢

野球選手
イチローが好き
イチローのようになりたい

スポーツ
努力が大事

水泳選手
池江選手が好き
ヒーロー・かっこいい
スイミングが好き

【夢を比べて思ったこと】
・みんな，憧れのスポーツ選手がいて，目標にしていることがわかりました。私も，夢に向かって頑張ろうと思いました。

　この事例のように，テキスト誌面の活動に，ちょっとした一工夫を加えるだけで，「思考・判断・表現」の観点を評価するための豊かな言語活動を設定し，児童が深く思考する姿を評価することができるようになります。

3 言語活動とパフォーマンス評価・ルーブリック

1 学習指導要領に示された資質・能力の３つの柱

　三つ目に，学習指導要領解説の目標にある③「コミュニケーションを図る基礎（素地）となる資質・能力」と評価について考えてみましょう。解説では，資質・能力の３つの柱である「知識及び技能」，「思考力，判断力，表現力等」及び「学びに向かう力，人間性等」のそれぞれに関わる目標を，以下のように明示しています。（文部科学省，2018, p. 69, p. 71, p. 72）

❶「知識及び技能」の習得に関わる目標

　外国語の音声や文字，語彙，表現，文構造，言語の働きなどについて，日本語と外国語との違いに気付き，これらの知識を理解するとともに，読むこと，書くことに慣れ親しみ，聞くこと，読むこと，話すこと，書くことによる実際のコミュニケーションにおいて活用できる基礎的な技能を身に付けるようにする。

（下線・太字は，筆者）

❷「思考力，判断力，表現力等」の育成に関わる目標

　コミュニケーションを行う目的や場面，状況などに応じて，身近で簡単な事柄について，聞いたり話したりするとともに，音声で十分に慣れ親しんだ外国語の語彙や基本的な表現を推測しながら読んだり，語順を意識しながら書いたりして，自分の考えや気持ちなどを伝え合うことができる基礎的な力を養う。

（下線・太字は，筆者）

❸「学びに向かう力，人間性等」の涵養に関わる目標

　外国語の背景にある文化に対する理解を深め，他者に配慮しながら，主体的に外国語を用いてコミュニケーションを図ろうとする態度を養う。

（下線・太字は，筆者）

　❶「知識及び技能」や❷「思考力，判断力，表現力等」の資質・能力をどのような方向性で働かせていくかを決定づける重要な要素が，❸の「学びに向かう力，人間性等」です。「知識及び技能」を実際のコミュニケーションの場面において活用し，「思考力，判断力，表現力等」を身に付ける過程で，主体的に学習に取り組む態度が向上します。そのため，「知識及び技能」及び「思考力，判断力，表現力等」と「学びに向かう力，人間性等」は不可分に結びついており，❸は❶及び❷の資質・能力と一体的に育成する必要があります。

2 パフォーマンス評価とルーブリックの活用

　上述したように，コミュニケーションを図る基礎（素地）となる３つの「資質・能力」は総合的に育成されるものであり，特に言語活動を行う際には，CHAPTER4と5の指導事例でも例示されているように，いくつかの技能・領域を効果的に結びつけた指導が行われることがあります。

　そのような場合，児童の学びの様子を効果的に見取ることができるのが，パフォーマンス評価とルーブリックです。石井（2018）によれば，パフォーマンス評価とは「思考する必然性のある場面（文脈）で生み出される子供の振る舞いや作品（パフォーマンス）を手がかりに，概念の意味理解や知識・技能の統合的な活用力を質的に評価する方法」と定義されています。

　一方，一問一答式のペーパーテストでは，正解か不正解という二者択一の採点をすることは可能ですが，パフォーマンス評価のような高次の思考や深い理解を見取る評価においては，ルーブリックと呼ばれる評価基準表を作成し，パフォーマンスの達成度を数値尺度と具体的な記述語で示すことが有効であるとされています。※ルーブリックの具体例は，QR2を参照

　下の図で説明しましょう。言語活動を行う際に児童の頭の中にある「資質・能力」を見取ることはなかなか困難です。そこで，スピーチなどのパフォーマンス課題を与え，具体的な活動の様子によって，児童の「資質・能力」を可視化するのがパフォーマンス評価です。

　反対に，具体的な活動で表された児童のパフォーマンスにおいて，どのような「資質・能力」が，どのくらいの程度，達成できているかを数値と評価記述文で客観的に判断し，解釈するためにルーブリックが用いられます。このように，言語活動において，３つの「資質・能力」を一体的に育成し，その姿を客観的に評価するためにも，パフォーマンス評価やルーブリックの活用が求められているのです。

松下佳代　小学校英語評価第２回ワークショップ（2019年３月９日）資料を参考に，筆者改

［参考文献］　西岡加名恵・石井英真編著（2018）．『Q&Aでよくわかる！　「見方・考え方」を育てるパフォーマンス評価』明治図書.
松下佳代（2019）．小学校英語評価第２回ワークショップ.

CHAPTER **4** 外国語活動　とっておきの言語活動のレシピ

1 「聞くこと」に重点を置いた言語活動　●幡井理恵先生のレシピ●

❶ Color the rainbow.　【Let's Try! 1　Unit 4】

目標 本物の虹の色を知るために，先生の話を聞いて虹を完成させたり，自分の虹を紹介したりしよう。
英語表現 I like（色）. Do you like（色）? Number ○○ is（色）. What color is number ～?
準備物 色鉛筆　虹のワークシート

1 この言語活動の特徴

　児童に How many colors（are there）in a rainbow?（虹は何色か）と尋ねると，7色と返答がきますが，実際に本物の虹の色を英語でとなると，全部答えられない児童が多いようです。なかなか出てこない色（indigo）を当てるために，児童は様々な色を英語で答えようとします。また，7色の順番についても，知らない児童が多いようです。Let's Try! 1 Unit 4の Activity 1（pp.14-15）には，誌面の虹を自由に塗り，自分の虹を完成させる活動がありますが，色を塗るという活動一つをとってみても，教師の英語を聞かせる言語活動にすることが可能と考えます。ここでは，「本物の虹の順番を知るために，先生の英語を聞いて色を塗る」活動を紹介したいと思います。虹が1本の場合はどんな順番なのか，2本出た場合はどんな順番なのか，日常生活で触れる生の教材から気付きを促したいものです。

2 単元の指導計画（全4時間）

第1時 虹は何色？　What are the colors of the rainbow?（本時）
　教師と児童間でやり取りをし，虹は7色あること，その色の言い方を英語で確認します。red, yellow, green, blue, orange, purple などと児童から返答が返ってくるはずです。しかし，purple は正確には violet であったり，indigo という児童にとってなじみの薄い色が含まれていたりするため，7色全てが児童から挙がることはないでしょう。そこで，数字が記された虹のワークシートを配付し，教師はランダムに番号と色を伝え，児童はそれを聞き取って本物の虹の色を完成させます。またワークシートにはもう1本の虹があり，主虹と副虹の色は反対の配列になるので，番号と色をしっかりと聞かなければ正しい副虹ができないようになっています。

第2時 キラキラ虹を完成させよう　Every rainbow is different.
　まず前時の復習として，色を塗ったワークシート（QR1参照）が本物の虹と同じように正しく塗れたか，教師と児童のやり取りの中で確認します。続いて児童は Let's Try! 1　Unit 4 Activity 1で自分の虹を完成させます。その後，完成した友達の虹の色を聞いてワークシート

（QR2参照）の好きなところに塗り，オリジナルのキラキラ虹を完成させる言語活動を行います。

第3時　ビュンビュンごま　What color can you see?

第4時　ビュンビュンごまを作ろう

---

3 指導の流れ（第1時）

1 虹には何色があるかを確認する（10分）

T：It's rainy season. After the rain, you can see a rainbow.

S：虹！見たことある。

T：What are the colors of the rainbow?

S：Red! Yellow! … Light blue?

T：Not light blue. Dark blue. It's indigo.

2 虹の色の順番を知るために指示通りに色を塗る（10分）

T：（ワークシートを配付し）How many rainbows can you see?

S：Two.

T：Yes, two rainbows. Do you know the order of the colors?

S：2本の虹が出ているのを見たことあるけど，色の順番は覚えてないなあ。

T：Don't worry.（ワークシートを指して）You can see numbers.
　　　I am going to say the number and the color. So please listen carefully and color them.
　　　Number 1, yellow.（主虹と副虹の色をランダムに伝える。）

S：（指定された番号に色を塗る。）
　　　（塗り終わったら…）

T：何か気付いたことあるかな？

S：反対の順番だよ。

T：Yes, that's right!（ワークシートの主虹を指して）This is the main rainbow,（副虹を指して）and this is the secondary rainbow.（もう一度主虹を指して）First,（副虹を指して）second.

---

4 指導のポイント

　色は小さい頃から生活の中で耳にしている単語で，すでに慣れ親しんでいるものも多いです。そこで，数字と掛け合わせることによって，教師の指示にしっかりと耳を傾けなければ色を塗ることができない課題にしました。単語レベルで繰り返し英語の音に触れるようにしています。

また，歩き回って言語活動をしながら同時に色塗りをさせるのは難しいため，キラキラ虹を完成させる色塗りの活動は，学級全体で聞く活動にします。

5 評価のポイント

　正しく主虹と副虹が塗れているか，ワークシートを見れば「聞くこと」の「知識・技能」については評価が可能です。ただし，ここでは記録に残す評価はせず，第2時でキラキラ虹のワークシートを塗っている様子から友達の虹の色が聞き取れているかを評価します。

❷ How many blocks?　　　　　　　　　　　　　　【Let's Try! 1　Unit 3】

目標　色々な数え方があることを知るために，友達の数え方を知ったり，自分の数え方を伝えたりしよう。
英語表現　How many blocks?　1〜100までの数字　plus / minus / times
準備物　ブロックのワークシート（QR3参照）

1 この言語活動の特徴

　低学年から外国語活動を行っている場合，数字を見て答えるだけや何かの数を数えるだけでは飽き足りなくなってきます。中学年という発達段階に照らし合わせて，もう一歩踏み込んだ言語活動を行いたいものです。また，色を塗った数を尋ねたり答えたりする活動の場合，目的意識を持つことが難しいので，ここでは算数のかけ算の学習を活かして活動を行います。ブロックを数えて答えるだけでなく，計算式を聞くことによって数える方法が人によってそれぞれ異なると知ることができるのが，この活動の楽しさです。自分が考えた際には思いつかなかった友達の考え方を聞くことで，多様な考え方に触れさせたいものです。

QR3

2 単元の指導計画（全4時間）

第1〜3時　How many 〜?

　まずは，様々な方法でSeven StepsやTen Stepsを歌ったり，Let's Try! 1の見開きを使ってポインティングゲームやおはじきゲームを行ったりします。また，How many pencils do you have? や How many posters do we have in the classroom? など，教室にあるものの数を数える活動などを行い，十分に20までの数字に慣れ親しませましょう。児童の実態に合わせて，20よりも大きな数字（可能であれば時刻に出てくる60や，単位が変わる100まで）を扱うとよいでしょう。

第4時　How many blocks？（本時）

初めに1枚だけ例として右のようなブロックを見せます。次に
もっと多くのブロックを見せると，児童は一つ一つ数えるのは面
倒だということに気付くでしょう。そこで，教師から＋と×の符
号と，10までの数字を使った計算式を聞かせます。児童各々が自
分の計算式を書き，教師は児童の計算式を何種類か伝え聞かせま
す。最終的には児童が自分の計算式を発表するアウトプットの活
動に繋げていきます。

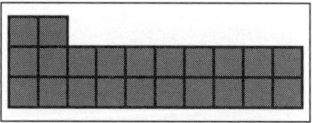
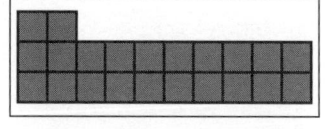

3 指導の流れ（第4時）

1　いくつブロックがあるか数える（10分）

T ：How many blocks?

S ：Twenty two!

T ：How about this one?

S ：うわ，いっぱいある。（一生懸命目を細めて数えようとする。）

T ：I know it's hard. So let's use plus and times.（＋と×を黒板に記す。）

　　　I will tell you how many blocks there are. Eight times eight plus four is …?

S ：（計算式をワークシートにメモして計算する。）

T ：Tell me how many blocks are there in English!

S ：Sixty eight.

T ：Yes, good job.

2　色々な計算式を教師が紹介する（10分）

T ：（ワークシートの中から最初に扱ったブロックを黒板に投影する。）This is (Yuka's) idea.
　　　Please listen. 計算式を書いてね。Ten times two plus two is twenty-two. Who has the
　　　same idea?

S ：Same. / No.（手を挙げる。）　　**T** ：（他の児童の案も挙げる。）

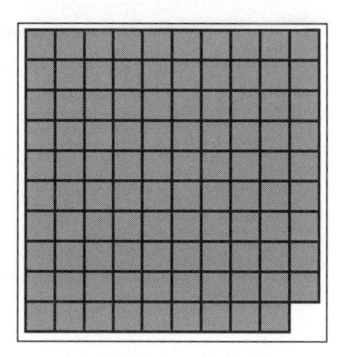

3　色々な計算式を児童自ら紹介する（10分）

　　「聞くこと」と「話すこと［発表］」をつなげた活動

4 指導のポイント

児童が書いた計算式をすぐに言わせたくなりますが，まずは教師が児童の書いた計算式を代読するような活動を行い，その後徐々に児童に主導権を譲っていくとよいでしょう。また，答え合わせをする際には，ワークシート（QR3参照）に掲載されている順に答え合わせをしていくのではなく，Let's check the red blocks first. などと，どの色のブロックの答え合わせをするのか，聞いていないとわからない状況（聞く必然性）を自然に作り出せるとよいと思います。

5 評価のポイント

計算式を児童が発表する活動は，「聞くこと」の知識・技能面だけでなく，思考が見られる言語活動です。聞きながら友達の考えをワークシートにメモをしている様子や，ブロックに線を引いたり，ブロックを動かすように矢印を記入したりする姿が見られるでしょう。児童のその姿を逃さず評価したいものです。

❸ How many centimeters?

【Let's Try! 1 Unit 3 Unit 8】

目標 スポーツのボールの大きさを知るために，数字を聞いて大きさ比べてみよう。
英語表現 How many centimeters?　小数点の数字　Which is bigger [longer]?
準備物 比べるワークシート（QR4参照）　ボール（実物があれば）

1 この言語活動の特徴

児童はクイズやなぞなぞが大好きです。普段の学校生活で触れているものの大きさを聞き取るだけでも，少し工夫を加えれば十分楽しい言語活動になります。様々なスポーツで使用しているボールの大きさ比べを行いますが，それぞれの大きさを聞き取って，最終的に大きい（または小さい）順に並べ替える活動にできます。具体物を見せてしまうこともできますが，ここでは敢えて見せずに，イメージを膨らませた後に数字を聞き取らせ，自分が思っていたイメージと同じか，またはどれくらい異なるかを知ることができるようにしましょう。児童は，ワクワク感や驚きを感じることができるでしょう。

2 単元の指導計画（全4時間）※なお3・4時間目は，❹（p.032参照）で紹介

第1時

手短に20までの数字の復習をします。その後，児童の興味・関心の高いひとつのスポーツを

選び，その紹介をします。そのスポーツで使用するボールの大きさを考えさせましょう。その他のスポーツも扱い，それぞれボールの大きさを想像させます。一通り想像したら，最初に出したスポーツから，ボールの大きさが近いスポーツを二つずつ比べてどちらが大きいか問いかけます。

第2時　How many centimeters is the baseball?（本時）

　前時で想像した大きさの答えが正しいかを，実際の数字を聞いて確かめる活動を行います。実物を手元に用意して測れれば更によいですが，スライドで示してもよいでしょう。用意した全種類のボールの大きさを紹介し終わったら，それを大きい（または小さい）順に並べ替えさせます。Which is the biggest ball? や Which is the second smallest ball? など児童の英語力に合わせて，更に難易度を上げた質問をすることも可能です。

---

3 指導の流れ（第2時）

1　どのスポーツ紹介をしているか聞き取り，そのスポーツで使用しているボールの大きさを想像する（15分）

T：What sport is this? Please guess.

　　We have twelve professional teams in Japan. Japanese national team is very strong.

　　Players use gloves and bats.

　　Ohtani Shohei is famous in Japan and the U.S.A.

S：Baseball!

T：That's right. Do you like baseball?

S：Yes, I like baseball.

T：I see. Then, the next sport.

　　This is not a team sport. There are singles and doubles tournaments.

　　Players use rackets.

　　Osaka Naomi is famous and she is cute.

S：Tennis!

T：That's right. Do you like tennis?

S：やったことない…

T：Do you watch TV? So, we use balls for baseball and tennis.

　　Which is bigger, a baseball or a tennis ball?

S：（それぞれ）Tennis ball! / Baseball!

2 実際の大きさを聞き取って比較する（15分）

T：What ball is on your left?（実物を見せてもよい。）

S：Tennis ball.

T：What ball is on your right?（実物を見せてもよい。）

S：Baseball.

T：Which is bigger, a tennis ball or a baseball?

S：（それぞれ）Tennis ball! / Baseball!

T：I am going to tell you the size. Listen carefully and take a note.

　　Tennis ball is 21.2cm. Baseball is 23.5cm.　※大きさは円周で，ボールによって大きさは若干異なる。

S：やった！　当たった。（正しい大きさをワークシートに記す。）※QR4参照

（　　　）cm　　　　　（　　　）cm

4 指導と評価のポイント

　授業の中で実物を見せることは大事ですが，見せてしまうと教師の指示など英語を聞かなくても答えがわかってしまう場合があります。活動の流れによって，教材を見せてから聞かせるのか，聞かせてから見せるのか（今回は後者）指導案作成段階で綿密に計画するとよいでしょう。また，聞く必然性を持たせるために，明らかに大きさが異なるとわかるものではなく，大きさの近いものを比べます。したがって，スポーツを扱う順番も意識しましょう。

　スポーツ紹介で聞き取れた言葉を基にスポーツを当てたり，ボールの大きさを想像したり，大きさ順に並べたりするなど，色々な要素を含んだ多量な英語を聞かせます。したがって，その時の児童の反応やつぶやきを随時拾いながら，形成的に評価を行いたいものです。数字を聞き取る言語活動ではありますが，スポーツのことをより知るために，教師の英語を聞いて考えたり，反応を示したりしているか，行動観察を行うことが大切です。

❹ **How many centimeters?** の応用版　　　【Let's Try! 1　Unit 3　Unit 8】

目標　教室にある色々なものの大きさクイズを楽しむために，どちらが大きいかを考えて答えたり，数字を聞いて答えたりしよう。

この言語活動の特徴

　デジタル機器を使った「聞くこと」と「話すこと」の統合的な言語活動を紹介します。教室内にあるものの中から，大きさの近いものを二つ選び，デジタル機器で写真を撮ります。定規などを使用して実際の大きさを測り，クイズを作ります。作ったクイズを発表したり，友達のクイズを聞いて答えたりする活動です。単に教室内のものの大きさを比べるだけでなく，既習

表現を用いてヒントや説明を追加したりすることも可能です。児童が全て英語で発表するのは難易度が高いため，高学年の発表活動に向けての素地を作るための言語活動と捉え，教師が問いを投げかけながらやり取りをしつつ足場を掛け，クイズを出題していきます。

指導の流れ（第3・4時）

～ボランティアの児童が前に出て，自分が撮った写真をプロジェクターに投影する～

T ：What's this?

S1 ：It's a water bottle.

T ：（もう一つの写真を指して）What's this?

S1 ：It's a pencil case. I have a 15cm ruler.

T ：（学級全体に向けて）Which is longer, the water bottle or the pencil case?

Ss ：（それぞれ答える）Water bottle! / Pencil case! / 15センチの定規が入っているって言ってたけど，水筒は15センチよりもっと大きいよ。

T ：（発表児童に向けて）How many centimeters is the water bottle and the pencil case?

S1 ：*A water bottle is 23.6 cm and a pencil case is 21.5 cm. ＊発話のまま

S ：やったー，water bottle だ！　　**T** ：I see. So the water bottle is (2.1cm) longer.

Point

●このレシピのポイント　　　　　　　　　　　　　　●上智大学短期大学部　狩野晶子●

　全ての言語活動は本質的には複数の技能が統合されているが，どうしても発信型の技能に重点が置かれがちである。そんな中，幡井先生は「聞くこと」に重点を置いた小さな言語活動を丁寧に積み上げ，児童が聞く姿勢を育てることを大切にしている。児童たちの理解や興味関心，発達段階に応じた系統だった学びを意識しながら「聞く力」を育てていることが，ここに紹介されているどの言語活動からも見て取れる。「聞くこと」の評価をするには，「話す」や「書く」アウトプットに頼らざるを得ないと悩んでいる指導者にとって大いに参考になるはずだ。

　原則英語のみでの指導を行っている幡井先生が使う英語はシンプルだが，必ずしも簡単ではない。しかし映像や具体物などのビジュアルでの手掛かりをふんだんに用意し，児童の反応を見ながら，絶妙なチャレンジとぎりぎり最小限の足場掛けを行っている。読者にはぜひ QR コードで紹介しているものも含め，スクリプトを読んでその勘所のエッセンスをつかんでいただきたい。特筆すべきは幡井先生の「発問力」である。様々な「仕掛け」を用意し，質問を投げかけ，児童たちに考えさせている。さらに発表活動では，教師の発問が児童に流れを想起させる役割を果たしている。このようにして児童の「伸びしろ」を引き出すことで，思考力を見取る場面を設ける評価のデザインが可能になる。発問力は小学校の先生方の得意とするところである。ぜひ教科の枠を超えてその力を発揮していただきたい。

2 「話すこと[やり取り]」に重点を置いた言語活動 ●黒木愛先生のレシピ●

❶ 好きな遊びを伝えよう Let's play cards. 【Let's Try! 2 Unit 2】

目標 クラス遊びを決めるために，進んで天気に応じた自分のしたい遊びに誘ったり，好きな遊びについて尋ねたり答えたりして伝え合ったりする。

英語表現 How is the weather? Let's play (cards). Yes, let's. / No, sorry. など

準備物 世界地図ワークシート　調査用ワークシート　シール

---

1 この言語活動の特徴

　本単元では，天気，好きな遊びの名前，遊びの誘い方などの表現に慣れ親しむために意味のあるやり取りを通して徐々に表現を積み重ねます。教師と児童でのやり取りでは様々な話題を扱い，大枠の中から何となくわかる，わかることが増えていく実感を味わう経験をたくさんさせるようにしています。わからない！とあきらめさせず，何となく聞き取らせればよい，最初から全部わかろうとさせない，そんな意識で指導を重ねるようにしています。教師と児童でのやり取りや，児童同士相手を替えながらの小さな言語活動を，何のために何を伝え合うのかを明確にして取り入れることで，一回一回の会話が練習ではなく本番となり，相手が何と言うかを知りたい，自分の気持ちを伝えてみたいといった本物の活動になります。なぜなら「やり取り」の活動は，本来相手が何を思って，何を言うかが毎回予測不可能で，そして自分も相手によって何を思って，何を言うかが毎回変わる，<u>準備ができない生きた活動</u>であるからです。

　児童がいつの間にか何度も伝え合っていた，そんなコミュニケーション活動を重ねていくことにより，単元の終わりには自分のしたい遊びを伝えるだけでなく，相手に応じて話題を変えながら学級の仲間がしたい遊びを調査できることを目指します。本単元の活動を含め，外国語活動・外国語科は，友達と考えや気持ちを伝え合い，学級がさらに仲良くなるきっかけになる，といった<u>学習集団づくりの一助にもなる</u>と考えています。

---

2 単元の指導計画（全4時間） ※単元の指導計画の詳細は，QR1を参照

第1時　天気についての表現に慣れ親しむ。

第2時　世界と日本の遊びの共通点と相違点を通して，多様な考え方があることに気付く。遊びについての表現について慣れ親しむ。

第3時　天気に応じたしたい遊びや好きな遊びについて尋ねたり答えたりして伝え合う。

第4時　クラス遊びを決めるために，進んで天気に応じた好きな遊びについて伝え合ったり，相手に配慮しながら遊びに誘ったりして伝え合う。(本時)

3 指導の流れ （第4時）

1 　Greetings　挨拶をする

教師と挨拶をして，日付・天気・気持ちなどの質問に答えます。
天気の質問を多くするようにします。

How is the weather today? にひと工夫です。

毎時間の授業の始まりが決まりきったもので終わらないように
しています。

> 音楽が鳴り終わるまでにグループの児童と挨拶＋1つ質問をするようにしています。高学年での授業の始めに行う chat の土台作りとして継続的に実施しています。

【質問例】

① How was the weather yesterday?

　（the day before yesterday?）

② Are you hot [cold]？

③ （日本の天気予報を見せながら）Look! This is the weather

　forecast. How is the weather in Sapporo today?

④ （世界の天気予報を見せながら）Look! This is the world weather forecast.

　How is the weather in London today?

> 中学年の指導の範囲ではない表現も出ることがありますが，絵や写真などの視覚教材を合わせて見せたり，黒板に板書をしたりすることで児童に伝わるようにしています。

2 　Small Talk　Small Talk に参加する

毎時間少しずつまとまりで聞いたり，話題を基に教師と児童，
児童同士でやり取りしたりする活動を入れています。

Small Talk をすることによって，「話すこと［やり取り］」
の力を付ける上で以下の効果があると考えています。

①児童が曖昧さに耐えながらまとまりのある話を聞き，概要
　を捉えられるようになる。やり取りをする時の表現のスト
　ックになる。会話が続くためのヒントになる。

②話題を基に，自分なりの考えや気持ちを少しずつ表現する
　ようになる。

> 教師や児童にとって身近な話，教師が楽しかったこと，驚いたこと，見つけたこと，美味しかったものなど児童が興味をもって聞けそうな話になるようにしています。
> 　私はプライベートな話は Small Talk で話すようにしています。
> 　日々「これは Small Talk で使えそう！」とネタ集めをしています。

【本時の Small Talk の概要】

T ：Let's have a Small Talk. Today's topic is "a present from my son."

S ：プレゼント？　サン？

T ：I got a birthday present from my son. I'm a mother.

　　I have a son. （板書をしながら）His name is Chihiro-*kun*.

Chihiro-*kun* gave me this one. It's beautiful, isn't it?

S：わーきれい？何それー？

T：What ...?（手を下から上に仰ぐようにして，言うように指示をする。）

日本語のリアクションだけで終わらないように，言葉を投げかけもっと言わせる足場掛けです。

S：What's that, Kuroki sensei?

T：It's ...?（手を下から上に仰ぐようにして，もっと言うように指示をする。）

S：It's beautiful! / It's cute!（何人かから自由な感想や意見をひろう。）

T：This is a storm glass. Do you know it?（何人かに聞いてみる。）

Do you know a storm glass? Yes, I do?（教師が手を挙げながら言う。）

S：Yes, I do.（No, I don't. の場合も同じように聞く。）

T：It's an old-style weather forecast device. 天気予報装置。

What do you think about it?

間投詞（児童とは *Sukima* English と呼んでいました）を，教師と児童でもたくさん使わせる機会を入れるようにしていました。

S：Wow. / That's nice. / え，どういうこと？（児童の反応をひろう。）

T：（液体が澄んでいる写真を見せて）How is the weather like on this day?

S：It's sunny / rainy / cloudy.（同じようにストームグラスによっての天気を何度か教師と児童でやり取りする。）

T：What weather do you like?（全体に好きな天気を聞いたり，理由を聞いたりする。）（中略）

T：Let's talk about the weather, today.（児童同士，天気について話をする。中学年の場合は自分の考えや気持ちとその理由が言えることを目指す。）

3 　**Warm-up** 　めあてを確認する。めあてに対し，本時で自分が頑張りたいことを書く

「クラス遊びを決めるために，①進んで好きな遊びについて伝え合おう。②相手の気持ちを考えながら遊びに誘おう。」

本時のめあてに対し，自分はどんなことを頑張りたいのかを振り返りカードに記入させるようにしています。「自分のめあて」を書かせることにより，一人一人の振り返りの視点も明確になります。

4 　**Warm-up** 　教師の質問に答えながら，天気や遊びの言い方に慣れ親しむ

【Let's Chant】 How's the weather?

単に chant を言って口慣らしをするだけでなく，隣の友達が言ったものを聞き取って，それを言ったり，好きな天気のみを言ったり，順番を変えて言ったりするなど，頭を使って言うように少しだけ変える工夫をしています。

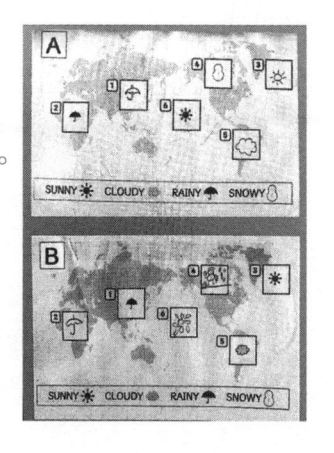

5　**Activity 1**　世界の天気の空欄が違う地図を持ち，情報を伝え合う

　ＡパターンとＢパターンの地図を用意します。児童には，「世界の天気予報を完成させてほしい」と，投げかけます。地図は３か所くらい空欄を作っておきます。相手の情報を知りたい・自分の情報を伝えたい，インフォメーション・ギャップのある活動になります。

6　**Activity 2**　相手に配慮しながら，晴れ・曇り・雨の時に遊びたい遊びを進んで伝え合う

7　**Closing**　クラス遊びを決定し，振り返りをする

　本時のめあて「クラス遊びを決めるために，①進んで好きな遊びについて伝え合おう。②相手の気持ちを考えながら遊びに誘おう。」を３段階で自己評価をします。振り返りを全体で共有します。

> 　振り返りの視点を明確にします。「自分の遊びばかりを言うのではなく，○○さんの好きそうな遊びを聞いて遊びにさそった。」など具体的に相手に配慮するために自分が工夫したことを記入させます。自分のめあてに対してどうだったかについても振り返りをします。

4　指導と評価のポイント

　相手に応じてコミュニケーションを行う目的や場面，状況を意識したやり取りになるように，そして，会話が続くためのポイントについて指導しました。指示やデモンストレーションに沿ってするといった，最初から型を決めすぎる方法ではなく，十分なインプットと教師と児童のやり取りを経て，児童に言葉を選ばせ，児童同士のやり取りをさせる流れを意識しました。

> 　遊びの誘いを No! で断るだけでなく，No, Sorry. や Sorry, next time. と相手に配慮したやり取りになることが大切と考えています。そして「流暢さ」を長期的に育てるために Me, too. Really? などの反応表現を使ったやり取りになるような指導をしています。

　Activity 2において進んで言語材料に慣れ親しんだり，進んで伝え合ったりしている，主に言語面における特徴的な様子を「思考・判断・表現」で見取ります。具体的に本単元では，「自分の考えや気持ちをはっきりと伝えている姿」「相手にさらに質問する姿」「相手の答えに応じて感想を言っている姿」などを記録しました。また，言語活動における主に態度面を「主体的に学習に取り組む態度」で見取るようにしました。具体的には，「『コミュニケーションの５つの鍵』の姿」「笑顔で楽しそうにやり取りをする姿」「相手の目を見て，ジェスチャーも入れながら伝えようとする姿」などです。振り返りカードも参考にしますが，実際の言語活動において見取ったものを記録に残す評価にしています。

❷ 外国語活動における Small Talk

目標 自分のことをよく知ってもらったり，相手のことをよく知ったりするために，自分や相手の好きなものや欲しいものなどについて聞き取ったり，お互いの考えや気持ちなどについて伝え合ったりする。
英語表現 既習事項など
準備物 絵・写真・実物など

---

1 この言語活動の特徴

　単元において言語活動を設定する際，どうしても単元の最後の大きな言語活動に目が向きがちですが，「言語活動を通して」を主軸に授業を組み立てていく時には，大きい活動ばかりではなく，1時間ごとの小さい言語活動を積み上げていくことも教師が意識していくべき点だと考えています。高学年から2時間に1回程度の実施と言われている Small Talk ですが，中学年であっても，教師の話を聞いて，教師と児童でやり取りをしたり，児童同士のやり取りをしたりすることは可能です。コミュニケーションを行う目的や場面，状況がある中で，自分の考えや気持ちを伝え合う活動として意味のある活動になると思います。

　中学年で Small Talk を実施する際にも，児童にとって簡単な英語を使用することは大前提です。そして，まずは教師が自分の考えや気持ち，実際にある身近な話題について，写真や実物を使いながら児童に伝わるように話してみましょう。教師が自己開示して自分のことを話し，児童に尋ねるようにする姿が，課題に対してのデモンストレーションとは一味違う良いモデルとなり，児童も少しずつ自己開示して話すようになります。

---

2 指導計画

　教師も児童もすぐには自分の考えや気持ちを話せるようになりません。言語活動を目指し，段階的な指導をしてみましょう。Small Talk は毎回少しずつ，基本的に7分程度で実施します。まずは写真を1枚用意して始めることからおすすめします。まずは Yes. / No. で答えられるようなもの，さらに，自分の考えや気持ちを伝えられるものになるように，焦らず少しずつ取り組んでいきます。Small Talk を始めて最初の頃は「何を言っているのかわからない」と言う児童がいます。しかし，ここが教師の頑張り所。そんな時も「あきらめずに聞き続けていると，何となくわかってくるから聞いてみてね！」と話を続けるようにします。中学年の間に「Small Talk をすることが当たり前」にしておくと，高学年で外国語科として学習する際，考えながらまとまった話を聞いたり，曖昧さに耐えうる児童の育成につながったりすると考えています。自分のことを話すって楽しい，そんな教師が楽しんで話す姿を児童に見せると良いと思います。

【段階的指導】

①段階1　教師・児童共に慣れるまでは，しばらく What ○○ do you like 〜? のように表現が同じで，話題が違うものを選ぶようにする。（まずは教師の話をしっかりと最後まで聞き，その話題で児童がやり取りすることに慣れるようにする。）

> 児童は like と want の話題は得意です。これらの表現が自分の考えや気持ちを伝える活動の基本となります。

②段階2　単元内では，同じような話題をするようにする。単元ごとに話題を変えてみる。

③段階3　主に既習表現を使用しながら，その単元の語句や表現も入れつつ，毎時間話題を変えて聞かせたり，やり取りをさせたりする。

> 特に年間計画は立てていません。私の場合，旬の情報，朝テレビで見た話題，感動したもの，楽しかったこと，などをその時に応じて話題にしています。あくまでも目の前の児童が興味をもって聞けることを考え，アンテナを張っています。

---

3 指導の流れ

【Small Talk 例　What do you like?】

①教師の好きなものについて T-S のやり取り例

T : Our topic for today is "my favorite things". Something I like.
I like these very much. What are these? What do I have in this bag?

S : えー？　What's this?（What do you have?）

T : I brought the things I like today. They are in this bag.
Can you feel it? Do you want to hold it?
It's heavy.
Do you think it's heavy, or not?（バッグを持たせながら児童とやり取りをする。）

> 実際にバッグを持たせて重さを体感させながら，やり取りをすると，児童が，もっと聞いてみたい！活動になります。

S : Hint, please!

T : You don't have one right now. I have one on me right now.
You can see it. Maybe you have one at home.

S : Erasers!

T : You have …?

S : You have erasers.

T : I have erasers. Do I have erasers in my bag?
No, sorry.

S : You have pens.

T : I have pens. No, sorry. I have pens here, but not in the bag.（何人かの児童とやり取り

をする。）

S : Watches! You have watches!

T : That's right! How many watches do I have?

Ss : 20! / 50! / 25! （たくさんあることがポイント）

T : Let's count them together!（児童と一緒に数える。色や模様，数などについて既習表現を用いて，児童とやり取りをする。）

T : My favorite things are watches.

I like collecting watches.

I like watches.

What do you like?

Today's topic is my favorite things.

Let's talk about your favorite things, today.

> ぜひ，先生が自分にしかできない話をしてみてください。児童は興味を持って聞こうとします。

> 中学年段階では自分のことを言って，相手に自分の好きなものを聞く，聞くことが難しいなら How about you? で聞くことが，最初の段階で，徐々に理由かもう1個考えや気持ちが言えたらいいね，と指導しています。

②S-Sのやり取り例

S1 : I like ramen. <u>How about you?</u>

S2 : Oh, you like ramen. I like ramen, too.

S1 : What ramen do you like? … 続く（相手を替えてやり取りをする。中間指導を入れる。）

T : That's all for today's Small Talk.

※ Small Talk 例をもう一つ用意しました。QR2を参照

> 相手に質問攻めにするのではなく，自分のことを伝えたり，相手のことを聞いて受け止めたり，Small Talk を通して会話のキャッチボールを意識し，やり取りを楽しんでほしいと思ってます。

QR2

4 指導のポイント

　Small Talk 初期段階には，教師の言ったことに対して全体で答えるような活動にするようにしましょう。次第に，教師と児童，児童同士相手を替えてやり取りをさせるような，スモールステップでの積み上げが大切です。その中で「知る→練習を重ねる→本番」の会話の流れでは，どの児童も同じ順番で話すようになったり，相手に応じた話題を考えることが難しくなったりすることが考えられます。中学年であっても，どの学年であっても，その時によって，伝え合う相手によって同じ題材でも話す内容は変わってくると思いませんか。何のために何を伝え合うのかを明確にすることによって，一回一回の会話が練習ではなく，本番となり，相手が何と言うかをもっと知りたい，自分の気持ちをもっと伝えてみたいといった本物の活動になります。

使用する表現についても，"Repeat after me." などでの単純な反復練習や，「今日は "What color do you like?" を使うんだよ。」と言語材料をあらかじめ提示した指導をあえてしないことによって，話題の中から考えて広げたり，自分で言葉を選んで広げて話せたりするようにしたいと思っています。決まりきった活動にするのではなく，話題の中でいつの間にかたくさん聞いたり言ったりしているような活動にすることがポイントです。

5 評価のポイント

児童がコミュニケーションを行う目的や場面，状況に応じて，言語材料を使ってやり取りをしている状況について見取ることができます。しかしながら，Small Talk 自体を記録に残す評価にすることは，あえてしていません。やり取りを楽しみながら使ってみる状況をたくさん作り，その中で「話題の選び方」「話題を上手に選んで，続けている」「文で表現ができている」など，児童一人一人の現状を把握するようにしています。Small Talk で育てたい力は外国語における知識・技能だけではない，コミュニケーション力だと思っています。児童の今の立ち位置を見取って，そこからの成長を見る，形成的評価として，記録に残す評価ではなく，指導に生かす評価として見取っています。

Point

●このレシピのポイント
●上智大学短期大学部　狩野晶子●

高学年で何往復もする「やり取り」の活動を児童が自信を持って行うためには，中学年でその素地を丁寧に作っておく必要がある。ここで紹介されている言語活動はどれも，長いスパンで，いずれ高学年で活きることをイメージした4年間にわたるカリキュラムデザインに沿って構成されている。一つ一つの活動はシンプルだが，系統立ててスパイラルに行われることで児童は安心感を持って取り組める。さらに，言語活動の試行錯誤の中で起こる誤り（error）について，黒木先生が学びの過程で必ず起こるものだと捉え，許容していることで，児童は言語活動を楽しみ，言いたいことの表現を自分から広げている。

児童が言いたくなる，使いたくなる必然性を盛り込むと，時にはその学年のゴールを越えた言語材料や内容に踏み込まざるを得なくなるが，児童にとっての受容を主とし，input として入れていくのであれば逸脱をそれほど恐れることはない。いずれ必要となる表現や語彙の「種まき」と捉え，その時にすぐに芽が出ることを期待せず，おおらかに使っていくことを奨めたい。ただし，その際に児童からの発話を強制するべきではない点に留意したい。無理やり押し出されて使う言葉（pushed output）は，その時は覚えて使えたように見えてもなかなか定着には繋がりにくいものだ。黒木先生の学級での実際のやり取りの様子を見るたび，児童が生き生きと楽しそうで感激する。黒木先生は児童がいつの間にか使いたくなるための仕掛けを活動の中にたくさん散りばめている。その妙味をぜひ，この「レシピ」で味わってほしい。

3 「話すこと[発表]」に重点を置いた言語活動 ●羽田あずさ先生のレシピ●

❶ イニシャル自己紹介をしよう ALPHABET

【Let's Try! 1 Unit 6】

| 目標 | お互いのことをより知るために，自分の名前のイニシャルや好きなことについて，基本的な表現を用いて相手にわかりやすく伝える。 |

目標 お互いのことをより知るために，自分の名前のイニシャルや好きなことについて，基本的な表現を用いて相手にわかりやすく伝える。

英語表現 I'm Hada Azusa. I'm H. A. I like（もの・こと）.

準備物 画用紙　色鉛筆　作成したイニシャルカード

---

1 この言語活動の特徴

アルファベットの文字の読み方に音声で慣れ親しんだり，文字の形の特徴を捉えたりすることで，アルファベットの大文字への認識を深めます。また，名前のイニシャルは自分にとって大切なものであり，それを伝え合うことでアルファベットをより身近に感じることができます。

自分のイニシャルを伝える際は，ただのアルファベットの文字を用いるのではなく自作のアルファベット・カードを用います。文字の形から身近なものと結びつけたイラストや形の特徴から発想したイラストを描くことで，自分だけのイニシャルカードができます。そのカードを用いてお互いのイニシャルを伝え合うことは，自分自身を表現する喜びに繋がります。

QR1

---

2 単元の指導計画（全4時間）　※単元計画の詳細は，QR1を参照

第1時 身の回りのアルファベットを見つけて言ってみよう：Hi, friends! Plus／Let's Try!1誌面
／自作教材：お店の看板等／ABC Song／Let's Watch and Think

第2時 アルファベットの形の特徴を見つけよう：アルファベット・カード並べ／Let's Play

第3時 イニシャルカードを作ろう：イニシャルカード作り

第4時 【発表】イニシャル自己紹介をしよう（本時）

---

3 指導の流れ（第4時【発表】）

1 指導者によるデモンストレーションを見せ，
発表の流れをつかませる（5分）

T：I'll show you a demonstration. Please watch
and listen carefully.（デモの後に）

T：まず何を言ったかな？

S：Hello!

T：そうだね。あいさつしたね。（「① あいさつ」を板書。以下同様。）

発表例

①	あいさつ………………	Hello!
②	名前…………………	I'm Hada Azusa.
		（児童にイニシャルを推測させる）
③	イニシャル…………	I'm H. A.
	（伝えた後，作成したイニシャルカードを見せる）	
④	好きなもの・こと…	I like dogs.（既習表現）
⑤	お礼・あいさつ……	Thank you! Bye!

2 英語表現を考えさせる（5〜10分）※QR2参照

①指導者が項目を指し示しながら一文ずつ発話をし，児童はそれを参考に
して，自分の名前・イニシャル・好きなものを言います。

②次に，指導者が項目だけを指し示し，児童は自分で表現を考えながら発
話します。

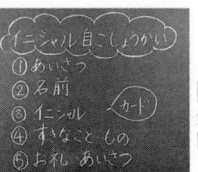

QR2

板書例

3 イニシャル自己紹介をさせる（25分）

①座席を向かい合わせます。

②一人ずつ発表をさせます。

③お互いの発表が終わったら一列を固定し，もう一列の児童を
一人ずつ移動させ，ペアを交代します。

④話し手と聞き手のよいモデルとなるいくつかのペアの発表を
学級全体に見せ，よかった点を児童に気付かせます。

活動の進め方

4 指導のポイント

　発表項目のみを日本語で板書します（板書例参照）。児童に板書の項目を確認させながら，
伝える順序や英語表現を自分で考えさせます。伝えたいことを，言える英語で表現してみる習
慣を中学年で付けさせることが，多様な表現を学んでいく高学年で，取捨選択しながら，英語
で表現しようとする思考力の育成につながると考えます。

　発表の前や紹介中のペア交代の際，指導者は改善が必要な話し手のモデルを見せ，改善点を
考えさせます。その改善すべき点（例：ゆっくりはっきり話す，間を取る，相手を見るなど）
が，児童が目指したい，聞き手を意識したコミュニケーションの姿に繋がります。

5 評価のポイント

　ペア交代のタイミングで，中間評価をします。話し手のよさだけでなく，聞き手のよさを積
極的に評価することで聞き手が育ちます。聞き手が育つと，話し手は話しやすくなります。

　聞き手が音声を聞いてイニシャルを推測できるように，名前を伝えた後に間を取ったり，イ
ニシャルを伝えた後にイニシャルカードを見せたりする姿で，相手に伝える工夫として「思
考・判断・表現」を見取ることができます。発表を観察しながら指導者が見つけた児童の工夫
を学級全体に紹介すると，自分も取り入れてみようという児童の意欲に繋がります。

　聞き手を意識した発表の工夫（ゆっくりはっきり伝える，相手を見る，指さしなど）で，
「主体的に学習に取り組む態度」を見取ることができます。

❷ 校内のお気に入りの場所を紹介しよう This is my favorite place.

【Let's Try! 2 Unit 8】

■**目標** 学級の友達のことをより知るために，校内のお気に入りの場所について，相手にわかりやすく伝わるように工夫しながら自分の考えや気持ちを話す。

■**英語表現** My favorite place is（教室名・場所）. I like（もの・こと）. Do you like（もの・こと）?

■**準備物** タブレットなど静止画を撮影するもの　第3時で撮影した画像

1 この言語活動の特徴

多くの児童にとって，学校は長い時間を級友と過ごす身近な場所です。学校の様々な教室や場所の英語表現も身近に感じる言語材料となるでしょう。また，自分の好きな場所やその理由を伝えたり，相手の好きな場所やその理由を知ったりすることは，自己理解や他者理解に繋がります。級友のことをより知ることができ，新たな連帯感が生まれるかもしれません。

この活動は，お互いの発表がよりよく伝わるようにアドバイスをし合ったり，困った時にはサポートし合ったりできるように3，4人組で行います。仲間がいる安心感と他者との対話の中で，伝える工夫をしながら表現することの楽しさも味わえると考えます。

QR3

2 単元の指導計画（全4時間）　※ QR3参照

第1時 教室名や場所の言い方を知ろう：Let's Play 1／Let's Listen 1／Let's Chant

第2時 世界の学校生活を知ろう：Let's Chant／Let's Listen 2／Let's Watch and Think 2

第3時 道案内の仕方を知って，校内のお気に入りの場所に連れていこう：Let's Chant／Let's Watch and Think 1／道案内＆写真撮影

第4時 【発表】校内のお気に入りの場所を紹介しよう（本時）

3 指導の流れ（第4時【発表】）

1 指導者によるデモンストレーションを見せ，発表の流れをつかませる（5分）

※流れのつかませ方は，「❶ イニシャル自己紹介をしよう」を参照

発表例

⑥	あいさつ………………	Hello!
⑦	名前…………………	I'm _____.
⑧	お気に入りの場所…	My favorite place is the library.
		（前時に撮影した画像を見せる）
⑨	理由…………………	I like books.
⑩	質問…………………	Do you like books?
⑪	お礼・あいさつ……	Thank you（for listening）!

2 英語表現を考えさせる（5〜10分）

①指導者が項目を指し示しながら一文ずつ発話をし，児童はそれを参考に，自分のお気に入り

の場所などを言います。※板書については，❶「4　指導のポイント」を参照

②次に指導者が項目だけ指し示し，児童は自分で表現を考えながら
　発話します。理由・質問は児童にとって「チャレンジ・フレー
　ズ」なので，言えたら言ってみようと伝えます。

③3，4人のグループで，お気に入りの場所の発表準備をします。

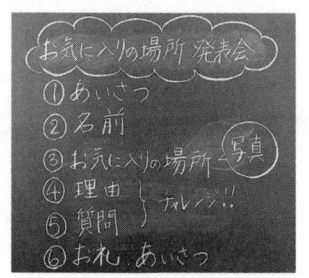

板書例

3 　お気に入りの場所を紹介させる（25分）

　各班を右図のように配置します。

①前半の班の児童が一人ずつ発表します。発表者が
　英語表現で困った場合は同じ班員がサポートしま
　す。

②前半の発表後，後半の班の児童が発表します。

③一回目の発表が終了したら，後半の班が図の矢印
　のように移動し，同様に二回目の発表を行います。

④発表後に，お互いの発表の良かったところを伝え
　合う時間を取ってもいいでしょう。

前半

| 1班 | 2班 | 3班 |
| 4班 | 5班 | 6班 |

後半

活動の進め方

4 指導のポイント

　第3時までに世界の小学校の動画や，他学級の先生がお気に入りの場所を紹介する動画を視
聴させることで，児童は自分の考えとの違いを振り返り，発表するお気に入りの場所を楽しみ
ながら考え，決めます。「伝えたい」「知りたい」という意欲を高めておくといいですね。

　発表の前や紹介中の班交代のタイミングで，指導者は改善が必要な話し手のモデルを見せ，
児童に改善点を考えさせます。改善すべき点を確認することで，児童が目指したいコミュニケ
ーションの姿が明確になり，聞き手を意識した発表に繋がります。

5 評価のポイント

　班交代のタイミングで，中間評価をします。話し手のよさだけでなく，聞き手のよさを積極
的に評価することで聞き手が育ちます。聞き手が育つと，話し手は話しやすくなります。

　既習の英語表現を用いて，好きなものを伝えたり質問したりする姿などで，「思考・判断・
表現」を見取ることができます。

　聞き手を意識した発表の工夫（聞き手を見ながら，ゆっくりはっきり話すなど）で，「主体
的に学習に取り組む態度」を見取ることができます。

❸ 友だちと楽しむ休日を計画しよう This is my day. 【Let's Try! 2 Unit 9】

目標 学級の友達とより仲良くなるために，休日に友達とどんなことをしたいか考え，聞き手に配慮しながら自分の計画を伝えたり，相手の計画を聞いたりしようとする。

英語表現 動詞（wake up, have breakfast [lunch / dinner], go shopping, go to bed, eat, enjoy など）

準備物 第4時までに作成した「休日計画ポスター」 振り返りシート

1 この言語活動の特徴

日本に住む男の子が，ブラジルに住む女の子に自分の一日の生活を紹介する内容の絵本を活用した単元です。行動の表現がたくさん出てきます。児童が楽しみながら言語材料に慣れ親しみ，お互いの考えを伝え合う楽しみを感じられるように「友達と楽しむ休日」の予定を計画するという課題を設定します。

休日に友達と何をして楽しみたいかという視点で，行動の表現の中から二〜四つの行動を選択させます。児童が，友達と楽しむという相手意識を持ち，言語材料を選択したり，相手にわかりやすく伝えるための工夫をしたりします。また，お互いの計画を伝え合うことで，共通点が見つかったり意外な一面を知ることができたりして，友達に対するさらなる興味や新たな気づきが生まれ，児童同士の関係作りにも繋がります。

QR4

2 単元の指導計画（全4時間） ※QR4参照

第1時 お話を聞いて色々な行動の言い方を知ろう：絵本 Good Morning

第2時 先生たちの休日を聞き行動の言い方に慣れよう：絵本 Good Morning／休日クイズ

第3時 友達と楽しむ休日を考えよう：絵本 Good Morning／休日クイズ／ポスター作り

第4時 【発表】友だちと楽しむ休日を伝え合おう（本時）

3 指導の流れ（第4時【発表】）

1 指導者によるデモンストレーションを見せ，発表の流れをつかませる（5分）

※流れのつかませ方は，❶「3 指導の流れ」の発問例を参照

※板書の仕方は，❶「4 指導のポイント」を参照

発表例

(1) あいさつ・名前………	Hello! I'm ___.
(2) 前置き………………	This is my day.
(3) 行動1，2，3，4…	I wake up at 9 a.m.
	I go to Umikaze Park.
	I enjoy BBQ.
	I play basketball.
(4) お礼・あいさつ………	Thank you for listening!

2 　自分の発表のめあてを決めさせ，発表の準備をさせる（10分）

①指導者が話し手の改善が必要なモデルを見せ，改善点を児童に考

えさせます。

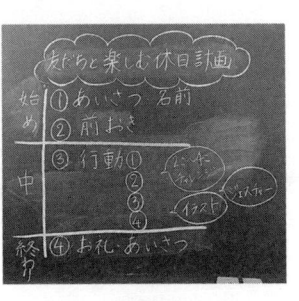
板書例

〈改善点の例〉

・相手の目を見る　　　・ジェスチャー

・ゆっくり　　　・はっきり　　　・笑顔で

②発表の際に特に意識するポイント（自分のめあて）を決めさせます。

〈自分のめあての例〉

・相手の目を見て笑顔で話す

・相手が聞き取りやすい声の大きさで話す

③ペアやグループで発表の準備（英語表現や伝え方の工夫）をさせます。

3 　「友だちと楽しむ休日」を発表させる（25分）

※活動の進め方は，「❷ 校内のお気に入りの場所を紹介しよう」を参照

4 指導のポイント

　この単元では，行動の表現がたくさん提示されていますが，全てを言えるようにならなくてもいいと考えます。話し手は自分が伝えたい表現を選んで話します。自分が選んだ表現に慣れ親しみ，相手に伝わったという達成感を味わえるようにします。聞き手は，発表者の話を聞いて，自分では言えない表現も聞いてわかるという達成感をもたせます。

　相手にわかりやすく伝える工夫としてポスターを作ります。聞き手の理解を助けるために，話し手は行動を伝えた後にポスターのイラストを見せたり，ジェスチャーをしたりします。

5 評価のポイント

　「友だちと楽しむ休日」という視点で選択した言語材料や伝える順序などで「思考・判断・表現」を見取ることができます。正解は一つではなく，多様な姿（一人一人の思いや発想力）を想定する必要があります。「休日計画ポスター」や振り返りシートに理由を書かせます。

　聞き手を意識した発表の工夫（相手を見る，ジェスチャー，ゆっくり，はっきりなど）で「主体的に学習に取り組む態度」を見取ることができます。また，班交代のタイミングで，お互いのよさ（「わからなかった時に繰り返して言ってくれたのでよかった」「笑顔で聞いてくれて嬉しかった」など）を伝え合わせることで相互評価となり，相手意識が高まります。

❹ 他クラスや他学年の人たちとクイズ大会をしよう What's this?

【Let's Try! 1 Unit 8】

目標	みんなとクイズ大会で楽しむために，身近な果物や食べ物，動物などについて，相手に配慮してヒントを出したり，ヒントを聞き取ったりしようとしている。
英語表現	What's this? It's a fruit. It's red. It's a triangle. That's right.
準備物	ヒントのワークシート　答えのイラスト

表　　裏（答え）

1 この言語活動の特徴

この活動は，身の回りのものについて簡単な語句で特徴を三つ伝え，聞き手が推測して答える「スリーヒント・クイズ」です。これまで慣れ親しんだ語句を，話し手も聞き手も楽しみながら活用するよい機会になります。クイズを出す相手（同学年・他学年）は児童に考えさせます。

一人1問出題しますが，クイズを考える時や発表の際は，お互いにサポートし合えるように2，3人組で活動します。話し手は聞き手にわかりやすく伝え，聞き手は話し手が話しやすいように聞き，聞き取ったことを基に答える，相手意識を大切にした活動になります。

2 単元の指導計画（全4時間）※ QR5参照

第1時　野菜や動物の特徴をよく聞いてクイズに答えよう：Let's Play／Activity

第2時　特徴を聞いてクイズに答えよう：Activity／先生オリジナルクイズ

第3時　特徴を考えてクイズ大会の準備をしよう：ヒントの出し方整理／クイズのヒント

第4時　【発表】特徴を伝えてクイズ大会をしよう（クラス内，他クラス，他学年）（本時）

3 指導の流れ（第4時【発表】）

①　指導者によるデモンストレーションを見て，クイズの流れをつかませる（5分）

※流れのつかませ方は，❶「3　指導の流れ」の発問例を参照

※板書例は，QR6を参照

クイズ出題例

(1) あいさつ・名前…Hello. I'm ＿＿.
(2) 尋ねる…………………What's this?
(3) ヒント1 …………It's a fruit. (種類)
(4) ヒント2 …………It's red. (色)
(5) ヒント3 …………It's a triangle. (形など)
(6) 答え………………That's right! It's a strawberry.

②　クイズ出題の準備をさせる（5分）

①指導者がクイズを出題し，聞き手が発語する箇所や内容（Hint, please. 等）を確認します。

②2，3人のグループでクイズ出題の準備をします。

③ クイズを出題させる（25分）

※活動の進め方は，「❷ 校内のお気に入りの場所を紹介しよう」を参照

> 英語表現を考えながら発話するように，ワークシートはイラスト化しました。

> ヒント2，3の順序はクイズが面白くなるように工夫します。

---

4 評価のポイント

　「話すこと［発表］」の評価は，慣れ親しんだ語句の中から選択して特徴を伝えていることやヒントを伝える順序を工夫しているかで「思考・判断・表現」を見取ることができます。

　「話すこと［発表］」（ゆっくりはっきり伝える，間を取る，相手を見るなど），「聞くこと」（相手を見る，うなずくなど）の工夫で，「主体的に学習に取り組む態度」を見取ります。また，ペアや班交代のタイミングで，お互いのよさ（「わからない時に繰り返して言ってくれた」「うなずきながら聞いてくれて嬉しかった」など）を伝え合わせる相互評価をすることが，相手意識を高めることに繋がります。

Point

●このレシピのポイント　　　　　　　　　　　　　　●聖学院大学　東仁美●

　羽田先生は，Let's Try! の4単元からオリジナルレシピを紹介している。どの言語活動も文部科学省が公表している指導案に沿ったものでありながら，隠し味のスパイスが効いていて，中学年児童がいきいきと活動している様子が目に浮かぶようなレシピである。言語活動を通して，児童が伝え合うことの喜びを体験し，聞き手のことを考えることが，温かい集団づくりに繋がっているのだと感じ取れる活動ばかりである。例えば，イニシャルをデザインする活動では，自分の名前を慈しむ気持ちを育てたり，校内のお気に入りの場所を発表する活動では，大好きなレクリエーションをする校庭が，学級にとって大切な場所であることを子供たちが再認識したりと，羽田先生の外国語活動は小学校教育の中にしっかりと根付いているのである。

　このように豊かな学びへとつながる羽田先生の言語活動であるが，決して目新しいレシピではないので，活動を一工夫する意欲があれば，きっとどの先生にも実践できるであろう。一見，ベーシックな活動に感じられるかもしれないが，聞く相手の存在を大切にした実践であり，スパイスを一振りすることでぐんとおいしくなるような，わくわくする楽しい活動に仕上がっている。そして，無理なくできる発表活動でありながら，高学年外国語科への橋渡しという伏線もきちんと敷かれている。また，QRコードでは各単元の指導計画も紹介されている。紙面では語りつくせなかった，児童の意欲を高める仕掛け満載の羽田ワールドをぜひ堪能してほしい。

4 「物語」教材に重点を置いた言語活動   ●宮城恵先生のレシピ●

❶ きみはだれ？ Who are you?   【Let's Try! 1 Unit 9】

目標 お互いの「かくれんぼストーリー」をわかり合うために，隠れている動物の特徴を表す表現を聞き取ったり，動物の特徴を工夫して表現し伝え合ったりしようとする。

英語表現 Are you (a dog)? Yes, I am. / 〔No, I'm not.〕 / I'm (a dog). Hint, please. I see something〜. 動物 状態・気持ち 身体の部位

準備物 絵本 "In the Autumn Forest"（デジタル教材・拡大した場面絵） 動物カード かくれんぼボード ミニ動物絵カード

---

1 この言語活動の特徴

単元終末で目指す子供たちの姿を以下のように想定しました。

○自分の思いを伝えるために，必要だと思う語彙や表現を選び用いる子

○友達の言葉からその思いを肯定的に受け止め，理解しようと意欲を持って聞く子

本単元の言語活動を「2年生にかくれんぼストーリーを伝える」と設定し，一方的な発表ではなく，やり取りの要素を加えた発表を仕組みました。

単元で扱った絵本 "In the Autumn Forest" は秋の森で動物たちが仲良くかくれんぼをするお話です。秋の森の絵に五つのポケットを取り付けたかくれんぼボードと，14種類の動物カードを準備しました。（写真）動物の形のカードを用いることで，ポケットから注目させたい動物の体の一部を見せることができます。これらの教具を使用することで，"I see something 〜." の表現を違和感なく使える場の設定ができると考えました。また，子供たちがストーリ

かくれんぼボード

ーを考えていく中で，動物を変更したいと思った時にも，ポケットに入れた動物カードを入れ替えるだけなので子供たちの自由な発想をすぐに反映させることができます。

本言語活動は一年間の学びを総括するものです。子供たちがこれまで慣れ親しんできた英語表現を用いて伝え合うことの楽しさや喜びを味わうことができるとともに，英語表現が「聞けた！」「使えた！」という小さな成功体験を多く積み重ねることのできる言語活動です。

---

2 単元の指導計画（全5時間＋事後指導）

第1時 絵本などの短い話を聞いておおよその内容をつかむとともに，日本語と英語の音声やリズムなどの違いに気付く。

第2時　誰かと尋ねたり答えたりする表現や，動物の特徴を表す表現に慣れ親しむ。

第3時　誰かと尋ねたり答えたりする表現や，動物の特徴を表す表現に慣れ親しむ。

第4時　誰かと尋ねたり答えたりする表現を，相手に伝わるように台詞をまねて言おうとする。

（本時）

第5時　先生や友達の短い話を反応しながら聞くとともに，相手に伝わるように台詞をまねて言おうとする。

事後　2年生と仲よくなるために，オリジナル"かくれんぼストーリー"お話会を開く。
（特別活動（1）−「ア　学級や学校における生活上の諸問題の解決」と関連させて）

3　指導の流れ（第4時）

1　複合単元で創る言語活動

　「Unit 8　What's this?」と「Unit 9　Who are you?」を複合単元として取り扱いました。Unit 9のゴールとなる言語活動「2年生にかくれんぼストーリーをしょうかいしよう」で望む子供の姿に向けて Unit 8から学習を段階的に積み重ねられるようにしました。

　Unit 8では単元終末に"動物クイズ大会"を設定しました。既習表現に加え Unit 9で取り上げる動物や，それらの動物の特徴に合う色や形，状態・気持ちの表現を意識して取り上げながら学習活動を進めました。また，教師の示すヒントの中に2語のヒントを織り交ぜ単語と単語を組み合わせ，思考を深める聞かせ方をしました。これにより，It's の後に2語を示してヒントとする何人かの子供たちの姿も見られました。これは，あくまでも2語のヒントを出させるための指導ではなく，「言葉と言葉を組み合わせてもいいんだ。」「組み合わせるとわかりやすいな。」という実感を持ってほしいという期待からの種まきでした。

2　前時までの取り組み

　単元終末で望む子供たちの姿に向かって，新出表現を聞く活動を大切にすると同時に，スモールステップでの口慣しも意識しました。

　第1時から第3時までは，授業の始めに"HEAD SHOULDERS KNEES AND TOES"を歌います。tail や neck，leg など元の歌詞にない語を付け足し，身体表現を伴った歌い方をすることで，楽しみながらより多くの体の表現に慣れさせていきました。（下線部が付け足し部分）

Head shoulders knees and toes, knees and toes. <u>Tail!</u>（掛け声）
Head shoulders knees and toes, knees and toes.
And eyes and ears and mouth and nose.
Head shoulders knees and toes, knees and toes. <u>Tail!</u>（掛け声）

[付け足し語]
nails
whiskers

　また，場面と状況を変えながら動物あてゲームを繰り返し設定しました。動物カードを使っ

てその一部が見える状態にしたり，出題者だけが動物カードを見えるようにしたりして，"I see something 〜."の表現でヒントを示しました。必然性のある自然な場の設定に気を付け，その意味を大まかに捉えさせるとともに，十分に聞き慣れさせることを意図しました。

さらに，第1時から授業の終末で子供同士での簡単なやり取り場面を設定しました。第1時・第2時は，既習表現"I like 〜."を使って好きな動物とその理由を伝え合い，第3時では，ペアで互いの手に隠した動物をあてるゲームをしました。教師が"I see something 〜."を繰り返し用いたのは，ゲームや言語活動の際に「まねて言いたい子が出てくるといい」という小さな期待からでした。よって，子供たちに無理に言わせることはしませんでした。第3時では，単語のみで，または前単元で慣れ親しんできた"It's 〜."を用いて表現する子も多くいましたが，それでも認めました。それは単元終末に向け，子供たちに内在する英語表現の中から子供たち自身が選んで話すことが重要と考えたからです。「英語で言えない時は日本語で伝えてもいい。」と声かけすることで，まずは楽しみながら言語活動が行えるように配慮しました。

③ I see something　クイズをする（5分）

教室の壁にいくつかの動物の絵カードを掲示します。教師の"I see something 〜."のヒントを聞いた子供たちは，これだと思う動物の絵カードのところへ移動する活動です。本時では，1問につき教師が2，3個のヒントを出しました。子供たちはヒントが出されるたびに，各々が推測する動物の絵カードへと移動します。子供たちが答えたら，教師はポケットに隠していた動物カードを取り出して見せ，その動物になりきって答え合わせをしました。

T ：I see something long.

S1 ：long … ヘビだね！　　**S2** ：うさぎも long だよ！

T ：＊I see something long neck!

＊本来は，I see something long.

S3 ：Long neck! Giraffe! キリンだ‼ Are you a giraffe?

T ：Yes, I'm a giraffe. I like Africa. ジャンボ！

S4 ：ジャンボ‼

子供たちの思考を促すために，ヒントの順序や，与える情報量を工夫しました。あえて一つ目のヒントを1語だけにして，1語よりも2語のヒントの方が相手によく伝わるということを印象付けることができます。また，一つ目のヒントに‘cute’や‘scary’などの表現を用いた場合は「かわいい」「こわい」と思う動物は人によって違うことがより明らかになります。

子供たちが動物を言いあてた際には，教師がその動物になりきり，既習表現を使って好きなものを言ったり色々な国の言葉で挨拶をしたりしました。子供たちは活動を重ねるごとに「次は Hello. じゃない？」など，動物との挨拶を楽しみにしていました。

この活動を通して，友達との語感の違いを楽しみながら，互いを認め合う雰囲気をつくるこ

とができました。この活動で高められた他者意識は，単元のゴールである言語活動で，語感の違いや思いを共有しながら，やり取りを行うために重要な要素の一つと言えます。

4 デジタル教材による読み聞かせ（5分）

取り扱う絵本は「小学校の新たな外国語教育における補助教材（Hi, friends! Story Books）」のデジタル教材に収録されている，全32ページの長編絵本 "In the Autumn Forest" です。ページをめくると答えがわかるという設定になっており，子供たちは聞こえてくる表現を手掛かりに，自分の予想があたっているかわくわくしながらお話に聞き入ります。

第1時で全ページを，第2時では前半部分，第3時では後半部分をデジタル教材で聞かせました。読み聞かせが4回目となる本時では，「先生の好きなページの紹介」として，3ページを選んでデジタル教材での読み聞かせを行いました。テレビの前に "In the Autumn Forest" を拡大した大型絵本の表紙を置き，はじめに "Story Time Song" を歌いました。

T：Story time, story time!	**Ss**：Story time, story time!
T：かくれんぼ story time!	**Ss**：かくれんぼ story time!
T：Let's count! 1, 2, 3 …	**Ss**：1, 2, 3, 4, 5, 6, 7, 8, 9, 10!
T：Ready or not？ Are you ready?	**Ss**：Yes, I'm ready！

歌い終わったら表紙をめくり，大型絵本を見せながら，みんなで1から10までをカウントしました。読み手と聞き手が一緒になって進める "Story Time Song" から10カウントする流れは，子供たちが物語の世界に入り込む手立てとして効果的でした。読み聞かせの後には，「まねしてみたい台詞はあった？」と問いかけ，話し手としての立場から言葉に着目させ，子供たちが "かくれんぼストーリー" を考える場面で活かせるようにしました。

5 教師のオリジナル "かくれんぼストーリー" を聞く（5分）

子供たちが使う秋の森シートの大型版を使い，教師のオリジナル "かくれんぼストーリー" を聞かせました。子供たちと同じ自作教具を使い，子供たちのやり取り発表と同じ流れで読み聞かせを行うことで，次の活動のモデル提示としました。

ここでも，子供たちと一緒に "Story Time Song" を歌いカウントダウンをしてストーリー紹介への期待を膨らませます。子供たちへのデモンストレーションでもあるので，教師が表情豊かに大きな身振りを加えて紹介しました。

ストーリーの終盤，子供たちが "Are you a ～?" と聞いたら，教師はかくれんぼボードのポケットから動物カードを取り出し，その動物になりきって "I See Something Quiz" と同様に既習表現を織り交ぜたやり取りをします。ここで，読み手と聞き手が一緒になって物語を作る雰囲気を味わわせ，次の活動への意欲を高めました。やり取りが終わった後には，教師の話に相づちして聞いていた子や，反応した子の態度を価値付け，コミュニケーションをより円滑

にする良い聞き方について意識させました。

6 グループで"かくれんぼストーリー"を考え，練習する（8分）

　3人のグループで，"かくれんぼストーリー"を考えます。教師から，「お話の最後には，答えをわかってもらえると楽しいね」という言葉を投げかけ，「もし，伝わらない場合にはジェスチャーや鳴き声などのスペシャルヒントを出せばいい」ということ等を確認して，安心して活動に取り組めるようにしました。

ストーリーに登場させる動物を選ぶ様子

　まず，子供たちは自分たちのストーリーに登場させる動物を選びます。互いに考えを交流し，合意形成を図りながら動物を選びます。動物カードが決まったら，実際にポケットに出し入れしながらどこにどの動物を隠すのか，どの部分を見せるのかを決め，動物の順番を考えます。

　これまでの学習経験を経て，答えがすぐには絞れないお話作りの工夫を楽しみ始めていました。「この動物も long だよ。」「これも cute って言えるよね。」など，カード選びからストーリーの内容を考える間，それぞれの動物の特徴の共通点について互いに考えを述べ合い，どんな使用表現をどの順番で伝えるのが一番いいのか話し合う姿が見られました。また，「先生，ひげを英語で何と言うの？」「つめは？」など，実際にカードを手にして考えることで，自分にとって必要な語を求める姿も見られました。未習の表現であっても子供たちの発想を認め，必要な言葉を共有することで子供たちの「こんなことを伝えたい！」という気持ちが持続できるようにしました。

7 "かくれんぼストーリー"を伝え合う（20分）

　前半6グループと後半6グループに分け，ストーリー紹介を行います。教師の "Let's start!" のかけ声で，"Story time! Story time!" の楽しい歌声があちこちから聞こえます。

S1 : 1, 2, 3, 4, 5, 6, 7, 8, 9, 10! Are you ready?

S2 : Yes, I'm ready!

S1 : [1]I see something brown body.

S2 : O.K! horse? raccoon dog? bear かもね。

S1 : [2]I see something circle face.

S2 : bear か raccoon dog だ！ O.K!

S1 : I see something strong!

S2 : O.K! Are you a bear?

S1 ：Yes, I'm a bear! I like honey! Hello!!　　**S2** ：Hello!!

＊1　本来は，I see something brown.　＊2　本来は，I see something circle.

　聞き手のグループを替えて3回ずつ発表を行いました。話し手の子供たちはジェスチャーを織り交ぜながら，ストーリーを伝え，聞き手の子供たちはわかる言葉に出会うと"O.K!"わからない場合には"One more, please."や"Hint, please!"など，やり取りしながら友達のストーリーを聞きます。話し手側がうまく話せない場合には，聞き手側と一緒にストーリーを作っていました。相手を替えて複数回紹介することで，子供たちは言葉を付け加えたり，動物の特徴によりぴったりだと思う表現を試したりすることができます。

　前半グループの発表を終えたところで教師が選んだ1グループの"かくれんぼストーリー"を全員で聞き，そのグループのよさを共有しました。その際には，他のグループで見られたよい点やうまいやり取りについても教師が価値付け，後半グループの活動へと繋ぎました。

8 ふりかえり（7分）

　「今日の読み聞かせで上手だなと思った言葉」をふりかえりの視点としました。自分の用いた表現をふりかえり，友達の用いた表現と比べることで，次の活動での使用表現の質がさらに高まると考えたからです。以下は，児童のふりかえりの一部です。

> **S1** ：友達の Animal Hint で（龍に）'fantasy'や（さるに）"桃太郎 story"などを聞いて上手だなと思いました。
>
> **S2** ：ぼくのお気に入りの言葉は 'long nail' "I like fish." と 'diamond eyes' です。みんながわかりやすいと言っていました。（ねこの紹介）
>
> **S3** ：最初はねこだと思わせて，でも答えはキツネというひっかけをやるのが面白かったです。

　S1は，友達がその表現を選択した意図を受け止め，表現のよさを称賛しています。S2は，聞き手の反応から自分の用いた表現が相手に「よく伝わった」と手応えを感じています。S3は，聞き手の反応を予想した上で用いる英語表現を選択し，提示する順番を考えています。

　第3時では「どういうヒントを出せばよいのかわからなかった」とふりかえった子が，本時では「色や頭の形の表現を使いました。」と自らの力で動物の特徴を表す言葉を選択し用いることができるようになったと自信をつけていました。言葉への気付きや自己の成長への気付きを全体で共有し，次回の活動への意欲を高め，本時を終えました。

9 事後指導（第5時と特別活動「2年生とのお話会」）

　第5時では，教師の"かくれんぼストーリー"の紹介を終えた後に質問タイムを設けました。「かくれんぼボードのポケットから出てきた動物に何か聞きたいことはある？」と子供たちに声をかけると"Do you like ～?"と"What ～ do you like?"を用いて動物の好きな色や食べ

物，スポーツなどについての質問が出ました。教師との新しいやり取りを楽しんだ子供たちの中には，自分たちのストーリー紹介の時にも質問タイムを設けて"What is your name?"などStoryの世界で，やり取りを膨らませている子供たちもいました。

全5時間の単元終了後，2年生の縦割り学級に"かくれんぼストーリー"のお話会を行いました。年下の子に聞かせるということで，練習の時よりもジェスチャーを多く取り入れ，表情豊かにゆっくり，はっきりと話そうとする子供たちが多くいました。"Light green."と言いながら洋服の色を指差して自分の話す英語を理解してもらおうとする姿も見られました。2年生の側に配置した聞き手役の3年生は，英語表現をジェスチャーで教えてあげたり，2年生のつぶやく動物の名前を英語に言い直して答えたりと一緒に楽しんでいました。お話会の後，「色々な動物の英語が聞けて楽しかった。」「英語をいっぱい話す3年生はすごい。3年生みたいになりたい。」と2年生から感想をもらい，子供たちは達成感と自信をつけた様子でした。

4 指導のポイント

第1時で"In the Autumn Forest"の読み聞かせを聞いた後，授業の終末で絵本と同じ設定を使って教師による"かくれんぼストーリー"のモデルを見ることで「自分たちにもできそう。」「やってみたい！」という意欲を持たせることが何よりも重要であると考えます。

また，単元が進むに連れ，より楽しい"かくれんぼストーリー"を話したいと，子供たちの思いは強くなっていきます。そのため，もっと上手に話せるようになるために，教師の話や読み聞かせ，友達の発表を「しっかり聞こう」「まねしてみよう」という必然性が生まれました。聞く活動・話す活動を問わず，学びの必要感を生む言語活動の設定が重要であると言えます。

本単元では，デジタル教材と教師による読み聞かせの両方を行いました。デジタル教材での読み聞かせのよさは，ネイティブの発音や英語のリズムを聞かせられることです。それに加え，動物ごとに声優さんが変わる表現豊かなデジタル教材は，子供たちにとって非常に魅力的であり集中して聞く姿が見られました。しかしながら，どうしても子供たちの様子と関係なく一方的に進められるデジタル教材の読み聞かせでは，子供たちの反応を引き出すために教師からの働きかけが必要でした。

他方，子供たちの表情やつぶやき等を見ながら進められるのが教師による読み聞かせのよさです。教師の表情豊かに身振りを加えた読み聞かせを通して，デジタル教材の読み聞かせだけでは捉えることのできなかった表現や語句の意味を理解する子供たちの姿もありました。子供たちの理解の程度に応じて，必要であれば同じセリフを繰り返して聞かせることができます。台詞をまねるよう仕向けたり児童の反応を引き出したりするためには，教師による読み聞かせが不可欠になると考えます。デジタル教材での読み聞かせと教師による読み聞かせの特性や効果を意識した上で，これらの読み聞かせをバランスよく学習活動に組み込む必要があります。

本言語活動では，子供たち自身が「必要だ。」「言ってみたい。」と思う言語材料を選ばせることを大切にし，使用語句や表現を限定しませんでした。そこで子供たちとのやり取りの中で，これまで一年間の学習で慣れ親しんだ表現，例えば世界の挨拶や"I like 〜.""What 〜 do you like?"などにも時折触れ，子供たちの創作するお話に広がりが生まれることを期待しました。単元の終盤では，子供たちの中には自分の考えや思いに合わせて既習の英語表現を用いるにとどまらず，"I'm *Urashima-taro* friend.""I don't like cats."など自分の考えや思いがより伝わるよう自らの生活体験や昔話と英語表現を結びつけて言葉を工夫する姿も見られました。

　物語教材を学年のゴールとして捉え，スパイラル的に学びを経験してきた子供たちが自らの力を活かし，自らの成長を認知できるような単元を創造することが大切であると考えます。本単元を一年間の外国語活動の学びの総括として，喜びや達成感を感じさせ自信を育む場にするとともに，言語使用の価値を実感できる場とすることが，子供たちの今後の外国語学習に向けての大切な素地作りになると考えます。

5 評価のポイント

　本言語活動では，第4時・第5時の2時間を通して子供たちの最終的な「話すこと［やり取り］」の姿を記録に残しました。

　「相手とわかり合えるような楽しい"かくれんぼストーリー"にするには？」と考え，ジェスチャーや動作等の非言語手段を用いながら発話したり聞いたりしている姿。自分の伝えたい思いを伝えるために必要な表現を選択し，未熟であっても言葉を紡ぎながら，英語を話そうとする姿。それらに反応しながら聞こうとする姿。このような子供たちの姿を，単元終末における「思考・判断・表現」「主体的に学習に取り組む態度」の望ましい姿として記録に残しました。

Point

●このレシピのポイント　　　　　　　　　　　　　　　　●岐阜聖徳学園大学　加藤拓由●

　本単元では，教師の読み聞かせから，子供たち同士の［やり取り］を取り入れた「かくれんぼ Story Time」［発表］，さらには，2年生の児童にわかるように「かくれんぼ Story Time」を伝えるという相手意識のある発展的な発表活動が計画されている。一つの言語活動の中で，言葉を使うことのよさや楽しさを，教師と児童が余すところなく堪能する，まさに言語活動の「極み」とも呼べる珠玉の実践である。

　宮城先生のこのような優れた授業作りは，外国語活動の時間での丁寧で楽しく繰り返す導入の Input 活動や，目的や場面，状況を十分に考えた単元終末での豊かな言語活動の工夫によるものだけではない。国語の時間や総合的な学習における，他教科・領域での確かな学びが，外国語活動の言語活動と融合し，児童の持っている潜在的な言語能力を最大限に引き出している。まさに，これが小学校で外国語活動や外国語科を行う本来的な意義だと考えられる。

1　「聞くこと」に重点を置いた言語活動　　●松崎奈穂先生のレシピ●

❶「誕生日・欲しいもの」When is your birthday?【JUNIOR TOTAL 1 Lesson 7】

目標 自分のことをよく知ってもらったり相手のことをよく知ったりするために，相手の誕生日や好きなもの，欲しいものなど，具体的な情報を聞き取ったり，誕生日に好きなもの，欲しいものなどについて伝え合ったりすることができる。

英語表現 When is your birthday?　月・日付・雑貨など

※今回は児童の実態も鑑み，欲しいものを尋ね合うことについては「誕生日に欲しいもの」「宝くじで100万円当たったら欲しいもの」等のテーマを設定し，この単元以降の Small Talk で帯活動として扱っていくことで定着を目指しました。

1　この言語活動の特徴

　本単元では，月や序数，自分の誕生日の言い方に慣れ親しみ，互いの誕生日を尋ねたり答えたりすることを通して，何をしてみたいかということについて子供たちと話し合うことから始めました。その話し合いの結果，この単元の最後には学級のバースデーカレンダーを作る活動を行うことになりました。そこで，そこに至るための活動の流れを子供たちの意見や考えを基に以下のように組み立てました。

①単元の前半で日本や外国のカレンダーを実際に用いて活動することで，日本と世界の暦の類似点や相違点に気付かせるとともに，多様な文化への興味関心を高める。

②単元の中盤で誕生日を尋ね合うアクティビティーを取り入れ，単元末の活動に繋がるよう，語句や表現に慣れ親しませていく。その際，これがただの練習活動とならないよう，子供たちの「相手の誕生日を知りたい！」という気持ちが高まる仕掛けをしていく。

③最後のバースデーカレンダー作りを，児童のコミュニケーションの幅をさらに広げ，より深く相手のことを知るきっかけにするとともに，それぞれが生まれた日を大切にする気持ちをもってもらいたいという思いとともに設定する。

　これらのことを，単元の初期段階から「聞くこと」の言語活動を通して行っていきます。この「聞くこと」は，言語活動の中で「話すこと」「読むこと」「書くこと」と密接に関わり合っています。子供たちも，聞いたことのその先に目的があるからこそ，必要感を持って「聞こう」とします。そこで，「聞くこと」と他の技能を組み合わせた活動も組み込んでいきます。

　ここでは一つの単元を例に挙げ，その中で児童の「知りたい」という思いを高め，思考を働かせながら聞かせることのできる言語活動を，単元導入，チャンツ，デモンストレーション，2種類のインタビュー活動，確認ワークシートの六つの例とともに紹介していきます。

第1時　単元の導入を行う。　　　　　　　　　　　　　　（異文化を知り，学びへの意欲を高める）

　　　　学びの流れを共通理解する。

　　　　月日を表す表現に慣れ親しむ。　　　　　　　　（月当てクイズを通して，日本文化を見つめ直す）

第2時　誕生日を尋ねたり答えたりする。　　　　　　　　　　　（誕生日占いを渡す相手を探す）

第3時　誕生日を尋ねたり答えたりする。　　　　　　　　　　　　（有名人の誕生日を知る）

第4時　誕生日を尋ねたり答えたりする。　　　　　　（協力してバースデーカレンダーを作成する）

第5時　単元のまとめをする。　　　　　　　　　　　　　（確認ワークシートに挑戦する）

3 指導の流れ

QR1

1　**単元を導入する（第1時：約10分）** ※言語活動例は，QR1を参照

　この活動は，T1とT2での会話に子供たちを巻き込んでいくかたちで進めていきます。この会話を行う目的は2点あります。

①この単元でどんなことを学んでいくのか，子供たちに推測させる。

②世界には，様々な暦を採用したり祝日を設定したりする国，文化があることを知る。

　ここではヒジュラ暦を取り扱い，アラビア語で書かれた太陰暦のカレンダーを使用します。ヒジュラ暦は主にイスラム社会で使われている暦法で，日曜日から木曜日が平日となっており，金曜日と土曜日が休日となっています。また，国民的行事の一つである「ラマダン」は，開始と終了が新月の観測によって決まるため，雲がかかって新月が確認できないとラマダンの期間が一日ずれ込みます。カレンダーで予定されたとおりになるとは限らないため，ラマダン期間の日中に営業できない飲食店などは，その都度，臨機応変に営業時間の変更に対応するわけです。本物の資料を見ながら，こうした自分たちの暮らしとは異なる文化や慣習についての話を聞く中で，子供たちの「知りたい」「聞きたい」という思いは高まっていきます。そして，暦の面白さへの気付きから，どの国にも存在する「祝日」へ意識を向けていくことで，それら「特別な日」の一つである「誕生日」にも目を向け始めます。こうした流れの中から「誕生日を英語で言うには，どうしたらいいのだろう」という子供たちの疑問が引き出せたら，導入は完了です。

　この活動では，常に子供たちは「どんな話をしているのだろう？」と推測しながら話を聞きます。聞いた話の中に，一部，わからないことがあっても，周りの友達のつぶやきを聞くこと

↑ヒジュラ暦カレンダーのイメージです。右から左に日曜日から土曜日になっており，各枠の中にグレゴリオ暦とヒジュラ暦の数字が記載されています。

で話の概要をつかんでいきます。こうしたことを繰り返す中で，英語を聞いてざっくりと全体を理解する力がついていくのです。ここで気を付けることは，子供たちに考えている様子が見られた際には，その時間を確保するための適度な間をとることです。子供たちが黙ってしまうと焦ってしまい，次々にヒントを繰り出したり，日本語に訳してしまったりしたくなるかもしれませんが，ここはグッと我慢します。そして，必要に応じてカレンダーを指さしたり，子供たちが知っている語句や表現を使って再度話を聞かせ，内容を推測できるようにしたりしていきます。また，英語が得意な子のみで話が進んでいかないよう，時には答えたがる子に待ってもらい，"Please talk with your partner." と伝えて，隣の人や近くの席の子と話し合わせると，わからなかった子も周りの子の意見を聞いて「そういうことか！」「わかった！」と自信をつけ，子供たち全員が「参加している」と感じられる活動になっていきます。

2 チャンツを導入する（第2時：約10分）

チャンツは口慣らし用に使われることが多いと思いますが，次のように「聞くこと」からスタートさせていく方法もあります。

【進め方】※言語活動例は，QR2を参照

①チャンツの音声のみを聞かせる。

②聞こえた音を子供たちから引き出していく。

③意味を推測させる。

④アニメーションと文字を見せ，再度音声を聞かせる。

⑤音声活動へ移行させていく。

ここで気をつけていることは，一方的に音声を聞かせてチャンツさせたり，意味を訳したりしないことです。あくまでやり取りをしながら，子供たちに考えさせることを意識します。

まずは，何についてチャンツしているのか，音声を聞かせて考えさせます。子供たちは，聞こえた音の断片を頼りに意味を推測していきます。また，隣同士や近くの友達と話し合ったりする時間も適宜とっていきます。その際，その推測した意味が合っていたとしても，すぐに "That's right!" と言って先に進めることはしません。なぜなら，何度も聞かせるチャンスがここにあるからです。"Are you sure?" "Really?" と尋ねながら，子供たちの「もう一度聞いて確かめたい」という気持ちを高めるのです。その上で "Let's listen again and check!" と言えば，子供たちは「よし，しっかり聞き取るぞ！」という目になったり，グッと体を乗り出したりします。

また，この時点でチャンツの再生スピードを子供たちに選択させます。彼らが自分たちの目的に向かって（ここでは，聞き取った音や語句が本当に流れてくるか確認するという目的になります），学習方法を選択するという「学び方」を学ぶことに繋がるからです。こうした積み重ねが大切になってきます。

そして，最後にアニメーションと文字を見せながら音声を流していきます。子供たちは，正解した嬉しさからか，こちらが指示しなくとも，自然にキャラクターとともにリズムにのって身体を動かしたり，言えるところを口ずさんだりします。このようにして，チャンツを口慣らしの活動に繋げていくのです。

3 誕生日を尋ねたり答えたりする（第2時「インタビュー活動」：18分程度）

【活動名】「占いカードを渡してあげよう」

※リサ・フィナンダー・著　川添節子・訳，星雲社『Disney 占い』を使用

【準備物】誕生日占いカード

※事前に児童名簿を基にその学級の児童の誕生日を確認しておきます。

【進め方】※言語活動例は，QR3を参照

①誕生日占いカードをランダムに配る。

②渡されたカードをこっそり見て，その月日の言い方を確認する。

　（わからない人は挙手して，指導者や ALT に聞く。）

③カードに書かれている誕生日の人を探して，その占い結果を渡してあげる。

この活動は，単元末の活動に向けた語句や表現の慣れ親しみの活動の一つに位置付けられます。使用する誕生日占いカードには，子供たちに人気のキャラクターのイラストとともに，その月日を誕生日とする人の性格が日本語で書かれています。活動のデモンストレーションで ALT とやり取りをして見せると，子供たちは「わぁ！」「面白そう！」と目を輝かせ，「自分の誕生日占いの結果がどうなのか知りたい！」という思いを高めていきます。

この活動を取り入れたのには，二つのきっかけがありました。一つは，朝のニュース番組で「今日のラッキー星座」をチェックしている児童が一定数いるということを知ったことです。別の活動の際にそのことに気付き，「占い」は案外子供の身近なものなのではないかと考えました。二つ目は，図書室の利用状況を観察していた時の気付きがきっかけでした。本校の図書室には子供用の占い本が何冊かあり，実際に人気があってよく借りられているのですが，表紙に少女漫画風のキャラクターが描かれていたり，女の子向けのファッションアドバイスが書かれていたりすることで，男の子には手に取りにくいようだったのです。女の子が読んで盛り上がっている側で，男の子たちが興味ありげにしている様子がよく見られました。その際，「性別関係なく楽しめる占いがあるといいな」と思っていたことが，この活動を行うことと結びついたのです。これらのことから，誕生日を取り扱う単元に誕生日占いを組み込むことは，子供たちの「知りたい」という意欲をかき立てるのではないかと考えました。

一方で，一点気を付けなければならないこともあります。それは，この活動を行う学級，学年の中に，こうした活動に参加できない児童がいないことを確認することです。児童の中には，宗教上の理由でハロウィンやクリスマス等を題材として取り扱う活動に参加できない子もいま

す。多種多様な背景をもつ児童がいることを踏まえ，このような配慮は欠かせません。

　さて，この活動は，いわゆるインフォメーション・ギャップという「話すこと［やり取り］」の活動になりますが，この中にしっかりと「聞くこと」の要素も含まれています。学習指導要領(1)聞くことの目標のイの項目には，「ゆっくりはっきりと話されれば，日常生活に関する身近で簡単な事柄について，具体的な情報を聞き取ることができるようにする」と記載されています。相手の誕生日はこの「具体的な情報」にあたり，こうした情報を聞き取る活動の積み重ねが，中学校外国語科での(1)聞くことの目標のア「必要な情報を聞き取る」という項目に繋がっていくことになります。

　さらに，活動内容についても考えてみましょう。この活動でランダムに配られた誕生日占いカードは，自分の誕生日のものではありません。そこで，その持ち主となる人を探し出していくわけですが，ここで注目したいのは，「誕生日占いカードを持っている児童が，そのカードに書かれた誕生日を口に出して言えるようになる」ことを求めているのではなく，相手の言った誕生日を「聞くこと」が重要なのだということです。この活動を通して見取りたい子供の姿は，以下の４点です。

①誕生日占いの結果を伝えるために，その誕生日の人を見つけ出そうとしている。

②目的を達成するために，相手に誕生日を尋ねている。

③目の前の人が自分の持つ誕生日カードの持ち主かを考えながら，相手が答える誕生日（月日）を聞き取っている。

④相手から誕生日を尋ねられていることを理解し，自分の誕生日を答えている。

　ここでは，上記の四つについて「記録に残さない評価」を行います。まだ第２時ですので，この時点ではうまく相手に尋ねたり，聞き取ったり，答えたりすることが難しい子がいます。しかし，「知りたい！」「伝えたい！」という思いが子供たちの中で高まっていれば，何とか相手の情報を聞き取ったり，自分のことについて伝えようとしたりする姿が見られるはずです。「聞くこと」で言えば，相手が伝えようとしている誕生日が聞き取れない場合に "One more time, please." と言ってもう一度聞き直そうとしたり，相手の言っている音は聞き取れるが，それが何日なのか思い出せないという場合には，"Thirtieth." と言った相手に対して13日なのか30日なのかを指で表しながら "One, three?　Three, one?" と聞き返すことで知ろうとしたりするのです。これはコミュニケーション能力の「方略的能力」に該当します。子供たちが生きていくこの先の世界を考えた時に，小学校における外国語の学びの中でこうした力を身に付けていくことは，とても大切なことです。

　また，活動後にも行っておきたいことがあります。通常，活動が始まったら，子供たちのコミュニケーションに対する意欲の高まりを妨げないために，必要だと思われる場面以外では活動を停止させることを極力避けるようにしますが，活動後に，工夫しながら聞いたり伝えたりしようとしていた姿を積極的に褒めつつ，「どうすれば聞いたことを理解することができたか

な？」「どのように言えば伝わったかな？」と子供たちに問いかけて一緒に考える時間を確保するのです。すると子供たちから，「日にちがまだ頭の中でごちゃ混ぜになってしまうから，もう少し練習したい」「マスクをしていて声が聞き取りづらかったと思うから，ジェスチャーも取り入れてみたい」といった声があがります。つまり，まず言語活動を行ってみて，そこで子供たちが経験した「困り感」から学びの必要感を持たせ，その解決に向けた方策を一緒に考えていく流れにもっていくわけです。語句や表現を教えて，練習して，言えるか実際に試してみましょうという流れではなく，「聞きたい」「知りたい」という子供たちの意欲を高めた上で場面を設定し，まずやってみるということがここでのポイントになります。このようにして，常に目的を子供たちの中から生み出していくことが，主体的に学ぼうとする児童の育成につながっていきます。

QR4

4 誕生日を尋ねたり答えたりする（第3時「デモンストレーション」：18分程度）

【活動名】「誕生日はいつかな？」

【準備物】①有名人の写真やイラスト（裏にその人物の誕生日を書いておく。）

②誕生日のみが書かれたカード

※上記①，②の写真と誕生日カードを1セットとして，学級の人数の半数分用意します。例えば32名学級であれば，有名人の写真やイラスト16枚，誕生日カード16枚となります。

【進め方】※言語活動例は，QR4を参照

①児童に写真，イラストや誕生日カードをランダムに配る。

②児童は渡されたカードをこっそり見て，その誕生日の言い方を確認する。

（わからない人は挙手して，指導者やALTに聞く。）

③誕生日カードを持つ児童は教室内を歩き回り，相手に誕生日を尋ねながらその人物を探し出す。

④全て終了したら，役割を交代して再度行う。

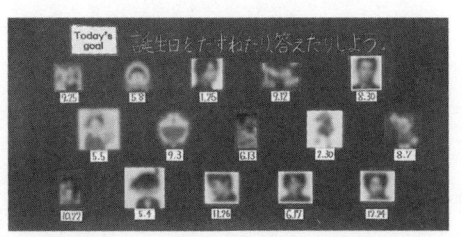

こちらも前時の活動に続き，「聞くこと」と「話すこと［やり取り］」が一体化した活動となります。ここでは「聞くこと」にフォーカスしたデモンストレーションの場面をご紹介します。

ここでのデモンストレーションにおける「聞くこと」の目標は，学習指導要領の目標(1)聞くことのウ「ゆっくりはっきりと話されれば，日常生活に関する身近で簡単な事柄について，短い話の概要を捉えることができるようにする」にあたります。つまり，ここでは具体的な情報というよりも，タスクやその活動の進め方の大筋を知ることが目的になっているわけです。ただし，音声だけで情報を捉えるのではなく，ここでは有名人やキャラクターの写真，イラストや誕生日カードを見せながら，何をしているのか推測しながら聞くことが求められています。

最初に子供たちは「インタビュー」という単語を聞いて，「何をどのようにするのだろう」とその先の話を聞く目的を持ちます。その後，誕生日を伝え合っている様子を把握する中で，「どうやら，自分の誕生日を伝え合っているわけではなさそうだ」と予想するとともに，T1，T2のそれぞれが持っているものに意識が向き始めます。そして，二人の持つ写真と誕生日カードがペアになっている様子を見て，写真の人物の誕生日を伝え合っているのだと理解します。

　実際にこのデモンストレーションを行った際，私は子供たちがよく知っているお笑い芸人の誕生日を紹介したのですが，子供たちは「えっ，僕の誕生月と同じ！」「牡牛座だ！」などと自分の誕生日と比べたり，その誕生日に関わる情報と結びつけたりしていました。先程私は，「このデモンストレーションは，タスクや活動の進め方の大筋を知ることが目的になっている」と述べましたが，子供たちは活動の進め方を理解すると同時に，具体的な情報であるその芸人の誕生日まで，思考を働かせながら聞いていたのです。このように，一つの「聞くこと」の活動で，話の概要を捉えるとともに，その中の具体的な情報をも聞き取って考えている姿が見られることも多々あります。

　デモンストレーションの後には，実際に活動の目的や進め方をしっかりと理解しているか確認していきます。活動の進め方に対する理解が不十分だと，いざ活動をスタートした際に混乱が生じ，一度活動をストップさせなければならない状況が生まれてしまうためです。しかし，ここで気を付けたいのは，確認だからと言って日本語に訳して説明しないことです。それでは，英語を聞く意味がなくなってしまいます。英語で質問することを通して子供たちが理解したことを引き出し，理解が十分でないと思われる部分については再度デモンストレーションを見せて説明を聞かせるなどしながら情報を補填していくことが大切であり，「自分たちの力で聞き取ることができた」「理解することができた」と自信を持たせることが重要です。

　その後，聞いて理解したことを基に「こんな時にはどう言ったらいいのかな？」と考える場面が生まれます。ここでは「聞くこと」に焦点を当ててお話していますが，この力は単体で養われるものではなく，このように「話すこと」「読むこと」「書くこと」と密接に関わり合いながら育っていきます。

5　お互いのことをさらによく知るために，誕生日を伝え合う
（第4時「インタビュー活動」：25分程度）
【活動名】「バースデーカレンダーを作ろう」
【準備物】①12か月分のケーキのイラストが入ったポスター
　　　　　②学級の人数分のろうそくの絵カード
※それぞれのグループがインタビューする人数に偏りが出ないように，事前に児童名簿で誕生日の人が何月に何人
　いるかを把握すると同時に，誕生月を組み合わせて選択肢を作っておく。「12月に誕生日を迎える人がいない」，
　「グループ数は5グループ」，「誕生日は1月二人，2月三人，3月六人，4月二人，5月三人，6月二人，7月

三人，8月一人，9月一人，10月二人，11月一人」という学級であれば，各グループの選択肢は以下のようになる。

①1，2月（五人）／②3月（六人）／③4，5月（五人）／④6，7月（五人）／
⑤8，9，10，11月（五人）

QR5

【進め方】※言語活動例は，QR5を参照

①各グループ（4，5人）で話し合い，選択肢①〜⑤の中から作成する月を選ぶ。

②カレンダー作成には学級全員分の誕生日情報が必要になるため，各グループで，誰が誰にインタビューしに行くかを決める。（その際，自分たちはその数から外す。）

③自分の担当する相手を探して，誕生日を尋ねる。他の人とやり取りするのを待っている間に，相手の誕生日がわかってしまうこともあるが，確かめるためにきちんと自分で聞くことを学級で決める。

④グループでインタビュー結果を持ち寄り，自分たちの担当のケーキに，その人の名前と誕生日を記入したろうそくを立てていく。

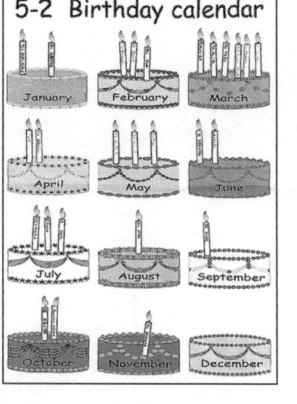

5-2 Birthday calendar

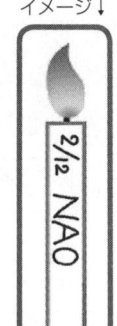

ローソクのイメージ↓

2/12 NAO

　この活動を通して，改めてどの季節に生まれた人が多いのかということに気付いたり，学級の友達の誕生日を自分の家族や親戚，ペット，有名人などと比べたりしている姿が見られました。冬生まれの子は「私が生まれた日は雪が降っていたんだって。」と親から聞いた当時の様子を話したり，夏生まれの子は「私なんか，暑いからって，おむつだけで寝転ばせといたってお母さんが言ってた！」と，赤ちゃんの頃の話をしたりしている様子も見られました。このように，普段なかなか目を向けることのない事柄に意識を向けることで，たくさんの気付きが生まれ，友達の新たな一面を知ることができたようでした。最終的には，「誕生日がない人，植物，動物はいないんだね。」という話になり，全員で世界中の命あるものたちに向けて"Happy Birthday!"と言って，活動は終わりとなりました。このように，「相手の誕生日」という具体的な情報を聞き取ることから，子供たちは様々な思考を働かせることがわかります。「聞いて理解して終わり」とするのではなく，その上で何を考えさせていくのかという指導者側の指導観をしっかりと持ち，子供たちから思いを引き出していくことが大切なのです。

　授業の最後には，活動を通して気付いたことや考えたことを，子供たちが振り返りカードに記入していきます。それを読むことで指導者は，発言していなかった児童の思考についても知ることができます。一方で，自分の思いを言語化することが苦手な児童もいるため，「自分や家族と同じ月の誕生日の人はいた？」と考える際の観点を示す問いを投げかけるなどの支援を積み重ねていきます。このようにして，考え方を学ぶ機会を設定していくことも大事なポイントです。

6 　単元のまとめをしよう（第5時「確認ワークシート」：説明を入れて20分程度）

　単元の最後には，確認ワークシートを用いて単元の内容理解のチェックを行います。このシートは自作で，年間5回行いました。以下は，その3回目のものになります。

　この確認ワークシートには，年度当初に行った「外国語マスコットキャラクター総選挙」で子供たち自身がデザインして応募したキャラクターの中から，みんなで選出したものを登場させ，彼らを助けてあげようという場面を毎回設定しています。今回は，来年の誕生日会開催計画を立てるお手伝いをしようという場面にしました。このように，何のために，そして誰のために聞いたり，読んだり，書いたりするのか，また，それらの場面や状況は子供たちの身近なものになっているのかといったことをよく考えて作成するようにしています。このタスクの中での「聞くこと」に関する知識・技能を見取るものが，次に示した問題です。

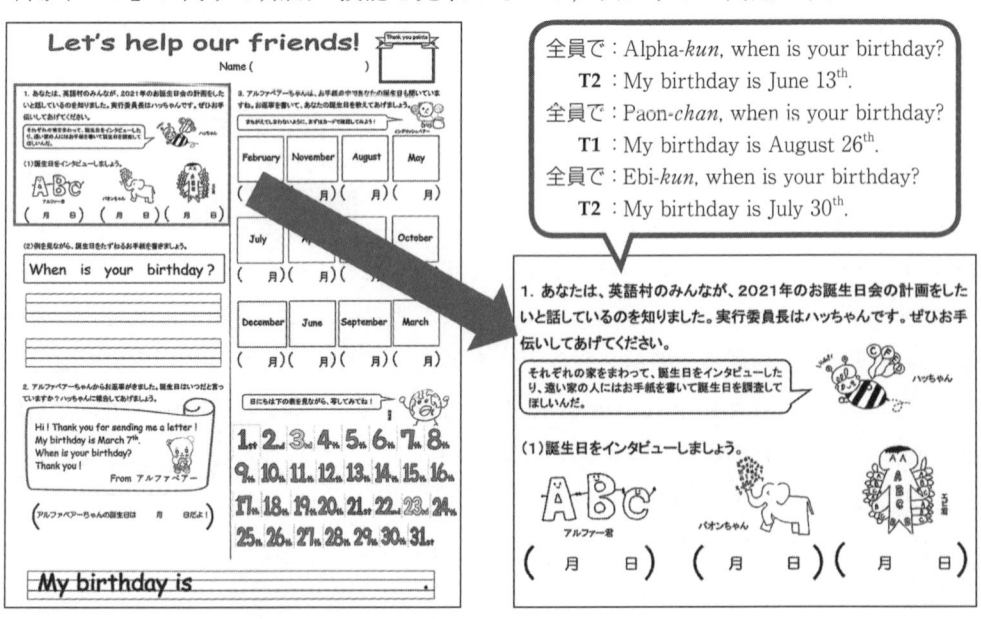

全員で	：Alpha-*kun*, when is your birthday?
T2	：My birthday is June 13th.
全員で	：Paon-*chan*, when is your birthday?
T1	：My birthday is August 26th.
全員で	：Ebi-*kun*, when is your birthday?
T2	：My birthday is July 30th.

　この設問は，学習指導要領(1)聞くことの目標のイ「ゆっくりはっきりと話されれば，日常生活に関する身近で簡単な事柄について，具体的な情報を聞き取ることができるようにする」についての知識・技能を見取るものとして作成し，評価の観点は以下のように設定しました。

【十分に満足できる姿】
　月や序数の言い方を知り，その知識を基に13thと30thやJuneとJuly，AugustとOctoberのそれぞれの音を聞き分けることができている。

　13thと30thやJuneとJuly，AugustとOctoberは，多くの児童が活動中に聞き取りづらそうにしていた音声です。そのために，情報を正確に受け取ることができない児童もいました。そのため，その都度みんなで確認し，何度も使いながら復習してきていた音声だったので，ここでその定着度を見取りたいという思いから，この観点を設定しました。結果，9割以上の児童が正解しており，子供たちの理解度を見取ることができたとともに，自分の指導を振り返る

材料とすることもできました。このように，自作の確認ワークシートは，目の前の子供たちの実態や，指導してきたことを色濃く反映させることができるという利点があります。

4 評価のポイント

　最後に，この単元における「聞くこと」の評価について触れたいと思います。この単元では，全5時間のうち，第4時と第5時に記録に残す評価をし，それ以外の時間は記録に残さない評価を行いました。第4時のインタビュー活動では，見方・考え方を働かせながら相手の情報を工夫して聞き取ろうとしている姿を「技能」と「思考・判断・表現」で，活動後の振り返りカードに表出された児童の思いや考えから「思考・判断・表現」を加点方式で見取りました。また，第5時では，「月日の英語での言い方を理解し，誕生日を聞き取る技能を身に付けている」という観点で確認ワークシートを活用し，「知識・技能」を見取りました。ここで押さえておきたい点が二つあります。一つは，これらの場面で他の技能も見取ることができるということです。しかし，複数の力を同時に見取ることは難しい場合もあります。そのため，指導者側がこの場面で見取れる力のうち，何を見取りたいのかあらかじめ設定しておくことが必要になります。二つ目は，単元後にも Small Talk 等の言語活動で学んだ表現を使う機会を設けるようにし，スパイラルに学ぶことができるようにすることです。年間で児童に身に付けさせたい力を見据えた上で，この単元で何を見取るのかを考えることが大切になってきます。

Point

●このレシピのポイント　　　　　　　　　　　　　　　●聖学院大学　東仁美●

　松崎先生は5年生外国語科の1単元を取り上げ，「聞くこと」の言語活動のレシピを紹介している。本節の六つの言語活動は，児童が思考力，判断力，表現力を活用して，「互いの考えや気持ちを伝え合う」言語活動の好事例ばかりである。実は，「聞くこと」の言語活動のデザインは意外と難しい。意欲的に英語を聞かせるためには，児童が興味・関心を持つ話題を英語の音声で提供する必要がある。松崎先生のレシピのうち，チャンツの音声を聞く活動以外，聞く音源は教師や ALT，そしてやり取りの中で友達が話す英語，言わば手作りである。何を聞かせるかという目的や場面，状況の設定，どのように聞かせるかという発話の工夫が，どれも見事である。授業の自然な流れの中に，必然性のある「聞くこと」の活動がてんこ盛りなのだ。

　松崎先生の言語活動のポイントとして，①児童が聞きたくなるようなトピック，②楽しみながら聞ける教材の選定，③明確な目的がある活動の設定，が挙げられるであろう。聞くことの先には，話すこと・読むこと・書くことがあると松崎先生は言及しているが，その後の発展的な言語活動につながる，初めの一歩が「聞くこと」の言語活動であることを再確認できる実践である。ぜひ，QR コードから発話例をダウンロードして，外国語科における言語活動の充実が主体的・対話的で深い学びを実現しているということを読み取ってほしい。

2 「話すこと［やり取り］」に重点を置いた言語活動 ●奥平明香先生のレシピ●

❶ 「週末のできごと」 What did you do last weekend?

【Blue Sky elementary 6 Unit 5】

目標	お互いのことをよりよく知るために，最近したことについて尋ねたり答えたりして伝え合うことができる。
英語表現	What did you do last weekend? I watched TV.
準備物	ワークシート

1 この言語活動の特徴

　本単元は，最近の出来事について話すという日常生活のリアルな場面での会話を，英語でもできる単元です。単元の特徴を活かし，話す内容に広がりをもたせ，英語でのやり取り（互いをよりよく知り合う目的のあるコミュニケーション）を，とにかく楽しませたいという指導者としての思いがありました。そこで前単元である「夏休みの思い出」と複合単元として指導，評価を行いました。そうすることにより学習する語句や表現にロングスパンで十分に慣れ親しみ，言語活動の核である「英語で自分の本当のことを語る」という姿にぐっと近づけることができると考えたからです。

　週末（最近）の出来事は休み時間等に児童の間でよく話されています。日本語でも日常的な話題ですが，相手がどんなことをしたのかを知りたいと思う気持ちから，どんどん盛り上がっていく話題です。それを，外国語を用いてやり取りする場合は，即興性に加えて，より考えながら話す力が試されます。児童が主体的なやり取りを行うと，話題がコロコロと変化し，終わりの話題が最初の話題からは，全く別のものになっていたりします。この話題は，展開が読めず枠に収まらない会話なのです。児童が言語活動の魅力を味わいつつ，いつでも新鮮なやり取りを行うには，高い主体性や思考力が必要です。したがって，例文を提示する等，型にはめすぎてしまうと，生き生きとした会話からは遠のいた味気ないものになってしまいます。

2 単元の指導計画（全14時間）※複合単元として指導・評価

　過去形は日常生活の場面，特に会話の中では使用頻度の高い表現です。言語活動をより豊かなものにするために，二つの単元を複合単元にしました。そうすることで，表現に慣れ親しむ期間が長くなり，使用語彙に広がりがでます。そして，話す目的や状況に応じて，言葉を選択し思考しながら表現を活用していきます。一つ目の単元では発表を経験させ，主に過去を表す表現の「知識・技能」の定着をねらいました。二つ目の単元では，「思考・判断・表現」と「主体的に学習に取り組む態度」の育成に重きを置きました。児童が既習の語句や表現を活用する姿や，高い相手意識をもって，自分なりに工夫してやり取りを行おうとする姿を見ること

をねらいました。単元計画の概要は次に示します。

【2つの単元をまたいだ指導計画】

Unit 4　夏休みの思い出　9月	Unit 5　週末の出来事　10月
第1時　扉のページ＋教師の夏休みを聞く	第8時　扉のページ＋教師の週末の出来事
第2時　ALT の夏休みの出来事を聞く	第9時　ALT の昨日の出来事を聞く
第3時　夏休みの感想をたずね合う	第10時　週末のことについてたずね合う（本時）
第4時　夏休みのことを詳しくたずね合う	第11時　昨日の出来事についてたずね合う
第5時　夏休みの思い出をできるだけ詳しくたずね合う	第12時　最近の出来事についてできるだけ詳しくたずね合う
第6時　"特別な夏休み"発表会①	第13時　最近の出来事を自由に話そう
第7時　"特別な夏休み"発表会②	第14時　3人組やり取りテスト

＊ Blue Sky elementary 6（啓林館）

※単元の初めから，「聞くこと・話すことの小さな言語活動」を行います。
※2単元を複合単元としています。大まかな指導の流れのイメージ図です。

U4	第1時	第2時	第3時	第4時	第5時	第6時	第7時
U5	第8時	第9時	第10時	第11時	第12時	第13時	第14時

矢印の向きは授業の流れ

Speaking（話すこと）

Litening（聞くこと）

小さな活動　　膨らんでいく言語活動（**Small Talk** 含む）　　発表 or やり取り（パフォーマンステスト）

指導過程イメージ図（聞くことの言語活動から話すことの言語活動へ）

3 指導の流れ（第10時）

1　**Small Talk**　児童をまきこみながら（10分）

　Unit 4から引き続いて第8時・第9時は聞くことを中心に言語材料に慣れ親しんできました。複合単元として扱っていますが，本時は本来の単元としては，第3時目なので，□□で囲んである使用頻度の高まりを期待する表現を，意図的に捉えさせるための会話を ALT と行いました。その後，児童はペアでのやり取り（横）→中間指導→ペアでのやり取り（たて）→代表ペ

アを全体紹介→ペアでのやり取り（ななめ）の一連の流れを行います。

※ ☐本単元での指導語句や表現，□は指導者が意図的に導入している語句や表現です。

T1：Hi, Loren sensei. You look happy. What did you do last weekend? （月曜日）

T2：I went to a supermarket. I bought carrots, onions, potatoes and chicken.
　　　（なべをかきまぜるしぐさ）I made … （答えを促すジェスチャー）

S：Curry and rice?

T1：You made curry and rice?

T2：No, sorry. It looks white.

> 前後の文脈から推測して
> 聞いている姿

S：あーじゃあ，シチューじゃない？

T2：Yes! That's right! I made stew. It was yummy. I enjoyed shopping and cooking.

T1：Wow. You enjoyed housework. Nice daddy! Anything else?

T2：And …, I played with my daughter, Mina-chan. It was really fun. We enjoyed dancing.
　　　How about you, Sayaka sensei? What did you do last weekend?

T1：I watched a Korean drama. It was a love story. It was romantic.

T2：Oh, you watched a Korean drama. Anything else?

T1：I studied English. It was hard but I tried my best.

T2：How nice! You enjoyed last weekend. How about you, class?
　　　What did you do last weekend?

　　　　　～この後，児童のペアでのやり取りと中間指導を行う。～

2 　**Listen & Do**　聞くことから表現への理解と慣れ親しみをねらう（10分）

　　聞くことの指導の時には，児童が後のやり取りで使う語句や表現に着目したり，やり取りを通して相手理解を深めていきたいと思うような聞き方が育つように工夫しています。例えば，教科書にある外国の友達の週末の過ごし方を聞く活動では，思考ツールの一つであるベン図を活用します。自分と相手の共通点や相違点，さらに知りたくなったことなどを自然に引き出すことに有効です。（下図：ベン図を使ったワークシート例　※他例は，QR 1 を参照）

QR

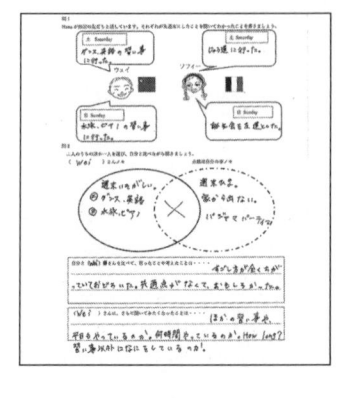
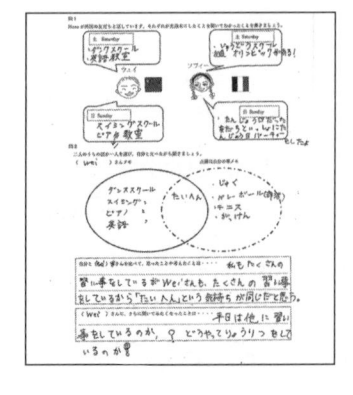

児童が自分と関連付けながら聞く状況を設定することで，教科書に設定された問いであっても，内容面にフォーカスし思考を働かせながら聞くようになります。聞くことの言語活動の充実は，「相手のことをもっと知りたい」と思う気持ちを生み，その後のやり取りにおける児童の「質問力」を高めると考えています。

　例で示したワークシートの3枚目（右端）で，英語を習っていることに共通点を見つけた児童は，その後，相手に英語を使って質問をしていました。また，共通点を見つけられなかった児童でも，相手について知りたいことはあることがわかります。聞いて理解したことを基に，共通点や相違点，新たな疑問点が生まれる聞き方の経験を積み重ねることで，表現の獲得に伴って，言葉を使って自分の思いや考えを伝えていきたいという態度に繋がります。

③　**Activity**　「話題が広がるやり取り」（20分）

　次にいよいよ本時のメインの言語活動です。複合単元としてやり取りの力をじっくり育ててきたことで，言語活動の際に話題の広がりが期待できます。児童が相手のしたことをさらに詳しく知りたくなった時に，授業始まりの Small Talk で指導者が意図的に聞かせた表現を求める姿が生まれました。教科書に設定されている Activity 1【友達に先週末にしたことをたずねましょう】で，Small Talk での学びと，聞くことの活動での学びとを活かして，言語活動へと導きました。

※以下は，ある児童ペアのやり取りの内容です。児童名と場所名は仮名，児童の英文は発話のままです。

S1 ：Hello, Ayano さん。Let's talk about last weekend, OK?

S2 ：OK!

S1 ：What did you do last weekend?

S2 ：Last weekend …. I went to シーサー park with Risa さん. It was fun.
I enjoyed かくれんぼ. How about you?

S1 ：Nice! I went to grandma's house. I ate *Go-ya champuru*. It was delicious.

S2 ：Oh, good. I like *Go-ya champuru*. It's yummy. えーと…他には？って何だっけ。

S1 ：うーん。何だっけ？

　このペア以外にも，話題を広げていくための質問 "Anything else?" を求める姿が多く見られたので，中間指導を以下のように進めました。

T1 ：OK, class. You enjoyed talking with your friends. Nice try!
Masayo さん，Who was your partner? Your partner was …?

S1 ：Ayano さん。

T1：Masayo さん，What did Ayano さん do last weekend? Ayano さん … She …?

S1：Ayano さん went to シーサー park with Risa さん.

T1：Sounds fun. She went to シーサー park with Risa さん.

Ayano さん，That's right? You went to the シーサー park with Risa さん?

S2：Yes.

T1：Risa さん is your 3組 friend, Risa さん?（別のクラスの友達）

S2：Yes.

T1：Oh, you have a good friend. You went to the シーサー park with Risa さん.

And …（注目させたい言葉の前に少し間をとる。） Anything else?（数名の児童がハッとする。）

S2：I enjoyed かくれんぼ.

T1：Wow! Sounds exciting! I like かくれんぼ. How was it? Exciting?

S2：It was fun.

T1： Anything else?（多くの児童がハッとする。）

S1：あ～！それ。それが聞きたかった！（つぶやき）

T1：Masayo さん，Let's ask Ayano さん with me.

T／S1：Anything else?

S2：I … ate タコライス. Dinner タコライス.

S1：Nice dinner. I like タコライス.

T1：Nice try. Let's give a big "good job" to Masayo さん and Ayano さん！（クラスでグッジョブサイン）

Everyone, do you want to try again?

Class：Yes! One more time, please.

T1：OK, Let's enjoy talking about your last weekend. Go!

　なお，指導者である私は教科書の問いを活用していますが，児童は教科書の問いだと意識せず，授業の自然な流れでやり取りを行っています。やり取りと中間指導の一連の流れが終わってから，自分の話したい相手のところに行き，自由にやり取りをする機会も設けます。その後，やり取りをした友達についての内容を簡単にメモしようと言い教科書を開かせます。すると，最初のペアの相手の話したことを忘れてしまったという児童が出ます。そこで "Reinterview in English" の時間を再設定します。児童は，この時に改めて「聞くこと」の大切さを再認識します。このような段階を経て指導することで児童は自分のことを話すことだけに意識がいっていたことに自分自身で気付きながら，相手に配慮したやり取りを行うようになっていきます。

Small Talk の後，児童に聞くことと話すことの両方を大事にさせながら，相手を替えて複数名とやり取りを行わせます。適宜，中間指導を入れ，質問に工夫があり，やり取りが盛り上がっているペアをグッドモデルとして全体の前で共有します。やり取りを楽しく，長く続けるコツを，児童は互いの姿から学び合って獲得し合っていきます。

本時の中間指導で児童にとって必要感を増していた表現は，教師が意図して Small　Talk で導入した "Anything else?" でした。教科書ではターゲットセンテンスとして出てきてはいませんでしたが，前単元から過去形に慣れ親しみ，話すことがそれなりにスムーズにできるようになった時に，話題を広げていくためには，この表現が必要になると考え，意図的に仕組んでおいたことが功を奏しました。時には，教科書の基本表現でなくても児童に負担なく言えそうな短いフレーズや，知っておいた方が言語活動の目的をより深く達成できると思われるフレーズは，計画的に少しずつ耳慣れさせておき，ぴったりな使用場面でぐっと捉えさせて必要感を強めることができるようにしています。

1　互いのことをよりよく知り合うために，最近したことを伝え合おう

テストであっても，他者理解の深まりの育成を目指し，上記のように話す目的等を設定し，3人1組でやり取りのパフォーマンステストを行いました。その際に，オリジナルのルーブリックを作成し，それに基づいて記録に残す評価を行いました。

※ルーブリックと児童の発話例は，QR2を参照

QR2

※以下のパフォーマンステストでは，仮名を使用しています。なお，どちらも HRT が，授業内で話したことがない組み合わせのメンバーを設定した学級での事例です。児童の英文は発話のままです。

【事例1】男子2名，女子1名　計3名

S1：Hello.（けい）　　**S2**：Hello.（りり）　　**S3**：Hello.（りゅう）

S1：What did you do last weekend, Riri さん？

S2：I <u>went to</u> the park.　How about you, Ryu さん？

S3：えっと I <u>went to</u> 工業高校．え〜と I <u>enjoyed</u> wrestling.
　　　 What did you do yesterday, Kei さん？

S1：Yesterday?　I <u>played</u> …（沈黙）Weekend, OK?

S2 / S3：OK, OK.

S1：*I <u>want to</u> mother house.　It's good.　I <u>played</u> game.　It's …　It's good.　　　*went 発音ミス

　　　　How about you, Ryu さん？

S3 ：Yesterday, OK?

S1 / S2：OK.

S3 ：*I played the home study. How about you?　　　＊ did my homework を工夫して言っている。

S2 ：Last weekend, OK?

S1 / S3：OK.

S2 ：I played balloon with my friends.

S1 / S2：Oh, nice. Thank you. Bye.

S2 ：Nice talking, bye.

　教師がねらった "Anything else?" に加え，最近自分がしたことを相手に伝えたいという思いから，「昨日」の話題がなくなれば「週末」へと，自分たちで工夫して，話す目的に合わせて話題に広がりを持たせているのが特徴的です。パフォーマンステスト時の実際の活動を，作成したルーブリックに照らし合わせ記録に残す評価を行いました。※QR3参照

	知識・技能 （正しく使用した過去形）	思考・判断・表現		主体的に学習に取り組む態度
S1	B （played, went to）	A	話す目的に応じた内容の適切さと工夫がある。	思・判・表の観点と一体的に評価し記録に残しました。
S2	B （went to, played）	A		
S3	B （went to, enjoyed）	A		

　評価に際して，二つの単元を複合的に指導した経緯から，過去形8種を学習したことにとらわれすぎてしまい，自作ルーブリックに「知識・技能の観点ではAの姿＝二つの単元で学習した過去形を三つ以上使用している」と設定しましたが，これは次年度以降改善すべき点です。発話の際に予想される英単語数をルーブリックに設定する際には，話す目的や場面・状況に応じた会話の内容との整合性の吟味がかなり重要となることを学びました。

【事例2】　女子3名

S1 ：Hello.（その）　　　**S2**：Hello.（とも子）　　　**S3**：Hello.（ひろ）

S1 ：What did you do yesterday, Tomoko?

S2 ：Yesterday …. I ate nabe. It was delicious.

S1 ：Oh, nabe. Oh, delicious. It's nice.

S1 / S2：How about you?（**S3**：Hiro さんへの質問）

S3 ：I ate curry and rice. It was delicious. How about you, Sono?

S1 ：I ate soba, Okinawa-soba. It was delicious, too. Anything else, Hiro?

S3 ：I saw YouTube. It was nice.

S1 ：Oh, what YouTube?

S3 ：何見たっけ…。

S1 ：Secret?

S3 ：Music.

S1 ：Music? That's nice!

S3 ：Anything else, Tomoko?

S2 ：I <u>saw</u> YouTube. It's Nako-Nako YouTube. <u>It was</u> exciting.

S1 ：Exciting!

S2 ：Anything else, Sono?

S1 ：I <u>played</u> the computer games. It was fun.

S3 ：What computer game?

S1 ：<u>It was</u> Tetris and Minecraft.

S3 ：Oh, nice.

S1 ：I like the game. ＊Do you like game, Hiro?　　　　　　　　　　　　　　　　＊原文のまま

S3 ：＊I like game.

S1 ：＊You like game! Me, too. How about you, Tomoko?

S2 ：あ～。 ＊<u>I'm don't like game.</u>　　　　　　　　　　　　　＊I don't like games. と言いたい。

S1 ：Oh, don't like … . う～ん…。 Anything else, Tomoko?

S2 ：I <u>ate</u> じゅーしー.（沖縄の食べ物名）

S1 ：Do you like じゅーしー?

S2 ：So-so.

S1/S3 ：Me, too.

S2 ：Anything else, Sono?

S1 ：うーん。Last weekend, OK?

S2/S3 ：OK!

S1 ：I <u>went to</u> supermarket with my mother. How about you, Hiro?
　　　　What did you do last weekend?

S3 ：うーん。Last weekend でしょう？　何したっけ？　Sorry.

S1 ：あ～, じゃあ。How about you, Tomoko?

S2 ：＊<u>I want to</u> Nago. grandpa house. I <u>ate</u> Okinawa-soba.　　　＊went 発音ミス
　　　　Very very delicious.

S1 ：Me, too. I ate Okinawa-soba. Delicious. You like Okinawa-soba?

S2 ：Yes, I like Okinawa-soba.

S1 ：I like Okinawa-soba. Me, too. Do you like Okinawa-soba, Hiro?

S3 ：I like Okinawa-soba.

S1 / S3：Me, too.

S2 ：* And I enjoyed catch ball. 　　　　　　　　　　＊ play catch のこと

S1 ：* What's member? 　　　　　　　　　　　　　　＊誰と？を工夫して聞いている。

S2 ：Father, family.

S1 / S3：Oh, family!

S1 ：あ〜。Where is …? う〜ん。Where? どこで？What station? どこでやりましたか？

S2 ：県総合…（名前がわからない場所）

S1 / S3：県総合？うーん？（別の地域の施設名なので聞き手もわからない。）

S1 ：うーん。*I like catch ball. Do you like catch ball, Hiro?

S3 ：*I don't like catch ball.

S1 / S2：Oh ….（しばらく沈黙してから）

S2 ：Nice talking, bye!

S1 / S3：Nice talking, bye!

　このメンバーは，共通の好みを探しながらやり取りをし，「したこと」のみに関わらず，未習の表現でありながら「誰と」「どこで」も自分たちなりに工夫して詳しく聞き出そうとしている会話が特徴的です。話す目的に沿いながら，自分の本当のことを語ることで，相手のこともより深く知ろうとする姿を見取ることができました。

　作成したルーブリックに照らし合わせ，記録に残した評価は以下の通りです。※QR4を参照

	知識・技能 （正しく使用した過去形）	思考・判断・表現	主体的に学習に取り組む態度
S1	A（ate, played, went, was）	A＋ ※補足説明	思・判・表の観点と一体的に評価した記録に残しました。
S2	A（ate, saw, went, enjoyed, was）	A ／ 話す目的に応じた内容の適切さと工夫がある。	
S3	A（ate, was, saw）	A	

　S1については，主体（相手の理解）に応じて会話を進めたり話題を回したりと，かなり思考を働かせたやり取りを主体的に行う姿が顕著だったのでA＋とメモを記録に残しました。

2　パフォーマンステストの待ち時間も言語活動！〜修学旅行新聞を英語版にリメイク！〜

　3人組でやり取りテストを実施している間の待ち時間の工夫を紹介します。児童は総合の時間に個人で作成した日本語の「修学旅行新聞」から，英文で書き表してみたいと思う記事や文を選び，自由に英文を書くことを経験しながらテストの順番を待ちました。児童は日本語で書いた新聞記事の中心となる文を，慣れ親しんできた英語を使って書き表せることに喜びを感じながら取り組んでいました。日々の学習で少しずつ英語の文の書き方に慣れ親しんできている

成果が見られました。評価については，教師の指導改善に活かすことに重きを置いて行いました。「書くこと」においても，言語活動を通した指導改善を行いながら十分に慣れ親しませることが重要です。自分のことについて書き表したい内容を「選び」，さらに，記事の中から「中心となる語や文を考えて書く」ことで内容を整理する必要が生まれ，思考を伴う「書くことの言語活動」に繋がります。しかも，児童は掲示された作品を，読み合う活動を予想しているため，丁寧な文字とわかりやすいレイアウトなどに工夫して，読み手に配慮のある書き手としての姿を自然に表出させていました。

QR5

【修学旅行新聞英語版】　※ここでは2点掲載。その他の作品は，QR5を参照

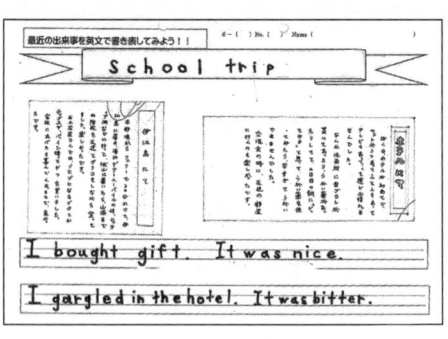

Point

●このレシピのポイント

●上智大学短期大学部　狩野晶子●

「やり取り」が単なる定型文の往復に留まらない，意味のある，気持ちの込もったものになるための仕掛けがたくさん詰まった実践の好事例。仕込みと準備を念入りにし，Small Talkでの仕掛けに「きっと欲しくなる，使ってみたくなる表現」までこっそり忍ばせて，まさに「気付き」からの広がりを意図した見事な展開である。単元最初の聞く活動から丁寧に聞かせ，児童が伝えてみたいという気持ちを大切に育て，自然に相手意識を高め，言語活動に導いている。奥平先生が日頃の授業の中で大事にされているという，「聞くだけでなく，うまくいかなくても，少ない時間であっても，まずは自分のことについて話させる」取り組みは，児童の臆さず発話する姿勢に反映される。児童がコミュニケーション・ストラテジーを働かせるような活動を単元の初めから意識的に取り入れることが，やり取りの力を育て，自信を積み上げ，動機付けとなり，発話と，ひいてはベン図を活用して思考を働かせて書く表出活動にも繋がっている。ここでは過去の表現を扱う単元二つを複合し，14時間かけてじっくり扱っているが，このようなカリキュラム構成が難しい場合でも，「過去形」を軸にスパイラルに既出表現を復習しながら新出表現と関連付けていくことで，系統だった学びの道筋を示し，受容から表出への動機付けを高めていけるであろう。

3 「話すこと［発表］」に重点を置いた言語活動　●髙田実里先生のレシピ●

❶ ALT の家族に送る友だち紹介ビデオレター―My Hero, My Sunshine!

【Here We Go! 5　Unit 9】

目標	ALT の家族に自分や自分の友人についてよく知ってもらうために，立場や人柄，できることなどを自分の考えや気持ちを含めて話すことができる。
英語表現	This is my friend, ～. She [He] is active [friendly]. などの人柄を表す表現
準備物	タブレットPC　ワークシート

1 この言語活動の特徴

　本実践では，子供が普段から関わっている ALT の家族から送られたビデオレターに応える形で，自分と友達を紹介するビデオレターを作成し，返信する活動を行います。その際，子供たちは，オーストラリアに住む ALT の家族が「『息子は日本で，すてきな子供たちとがんばっているんだな』と嬉しくなるようなメッセージ動画にしたい。」という目的を明確に意識しながら取り組みます。その目的を達成するために，聞き手に友達の人柄や特徴を印象付ける‘hero / sunshine / star / rock’等の英語の比喩表現を使うことを提案し，これらの言葉のもつ意味合いを日本語と比較するなどして言語や文化に対する関心を高めます。明確な目的をもち，聞き手や紹介する友達のことを大切に思いながらメッセージ動画を作成する体験を通して，既習表現や語句を駆使して創造的に表現するおもしろさを実感できると考えます。さらに，ALT の家族に第三者を紹介する言語活動に取り組むことで，"She [He] is ～." "She [He] can ～." という既習表現を，新たな場面や状況の中で活用できるようになり，表現したい内容や，目的や場面，状況にふさわしい英語表現を思考したり，話の組み立てを工夫したりすることができるようになることを期待します。

2 単元の指導計画（全9時間）

第1時　ALT の家族から送られたビデオレターを視聴し，「ALT の家族に宛てたビデオレターを作る」という単元全体の学習の見通しをもつ。

第2時　ビデオレターで活用する英語表現について，これまでの学習を基に想起し，ビデオレターのおおよその内容を考える。そのために，自分が紹介する友達の人柄やできること等について英語でやり取りをしながら情報を集める。

第3時　ビデオレターの内容や使用する英語表現について，これまでの学習を基に考えたり調べたりする。それらの英語表現について友達や教師と実際にやり取りしながら適切かどうか検討する。

第4時　第3時までの言語活動を通して，使えるようになりたい言語材料を選んだり考えたりしながら，チャンツやゲームを通して，使用する英語表現に慣れ親しむ。

第5時　グループでビデオレター撮影のリハーサルをして，練習が必要な表現を確認し，チャンツ等の練習を挟んで使用する英語表現に慣れ親しみ，再度試し撮りをする。

第6時　ビデオレターを撮影し，子供と話し合いながら目指す姿について評価の指標を作成する。

第7時　前時までの撮影でうまくいったことや困っていることを共有し，練習する。その後，前時に作成した評価の指標を用いて撮影しているビデオレターを見直し，さらに撮影する。また，相手によりよく伝わるように，内容の順番に気を付けて話す。

第8時　前時までの撮影でうまくいったことや困っていることを共有し，練習する。その後，前時に作成した評価の指標を用いて撮影しているビデオレターを見直し，さらに撮影する。また，相手によりよく伝わるように，内容の順番に気を付けて話す。

第9時　互いのビデオレターのプレゼンテーション動画を見合い，よさを伝え合ったり，工夫してきたことについて聴き合ったりする。また，単元末の振り返りジャーナルを書き，自分の学習を振り返る。※単元の学習計画の詳細は，QR 1を参照

QR1

---

3 指導の流れ

1 **単元の導入（第1時）**

① ALT の家族から送られてきたビデオレターを視聴する（15分）

T ：Everyone, I have a big happy surprise for you today.（大型 TV に ALT の家族を映す。）

S ：誰だろう？ Who is she?

T ：Right. Who is she? Who do you think she is?

S ：先生の友達かな？

T ：Oh, my friend? Good guess, but no!

S ：あはは！わかった！先生の teacher! 前に海外に行ったことがあるって言ってたから。

T ：I see. My teacher in the U.S.! Great, but … no.

S1 ：えー！あはは。

S2 ：先生のおばあちゃん！ Grand … mother …?

T ：Wow, my grandmother?（映し出した画像と自分を見比べて）Do we look alike?

S ：さすがに違うでしょう。

T ：It's really close. This is someone's mother. O.K, you will find the answer from this video. Please listen carefully and find the answer. O.K?

S ：O.K!

〜ALT の家族から送られたビデオレターを視聴する。〜

動画の途中で "I am Jason's mother!" という英語表現をキャッチした子供たちは，「Jasonって言った？」「Jasonママ？」と驚きとともにつぶやき，「わかった！」と嬉しそうに続きの話に聞き入りました。

～動画を視聴後～

T ：O.K, everyone. Who is she?（あえて初めと同じ英語表現で尋ねる。）

Ss ：Jason's mother! / Jason ママ！（'mother' が「ママ」に聞こえた子供もいた。）

T ：Yes, Jason's mother. Good listening! What else did you catch?

Ss ：（それぞれがキャッチした語彙や表現を曖昧でもいいので出し合い，該当部分のビデオレターを繰り返し視聴する。）

②友達の素敵さを紹介する表現として 'hero' を提示し，互いの hero 観を話し合う（5分）

　教師から一方的に「今回のテーマは 'hero' だよ」と提示するのではなく，子供とのやり取りを通して 'hero' 等の語彙を使って人を表現する面白さを感じられるようにします。

※具体的なやり取りは，QR2を参照

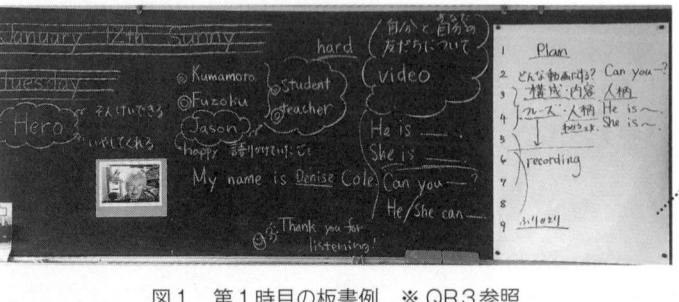

<table>
<tr><td>図1　第1時目の板書例　※ QR3参照</td><td>子供とともに「ALT の家族に自分と自分の友だちについて紹介するビデオレターを送る」というゴールを見据え，どのようにこれからの学びを進めていくか，おおまかな道筋を話し合い，記録しておきます。</td></tr>
</table>

図2　掲示用単元の学習計画
※ QR4参照

　左は本単元の学習計画です。子供たちの第1時の発言を基に整理して記していきました。コミュニケーションの相手となる ALT の家族の写真を大きく提示し，子供たちが相手を意識しながら言語活動に取り組み続けられるようにしています。また，「自分や友達のことを紹介する時，どんな英語表現が使えそう？」と教師が尋ね，子供から引き出した "She [He] is ～." "She [He] can ～." の英語表現も書き記し，子供が英語表現を活用する時に想起することができるようにしています。第6時～第8時の空白は，子供の「話すこと［発表］」におけるコミュニケーション上の課題が明確になった時に追記するために空白にしています。

　単元のゴールを「ALT の家族にビデオレターを作ろう」という活動レベルに留めるのではなく，「僕たちのビデオレターを受け取った時に，すてきな人たちだなあと感じてほしい。」「友達になってみたいと思ってもらいたい。」というように，相手の思いの変化を子供たちの言葉から引き出しておくことで，コミュニケーションの目的がより具体的になり，言語表現を工

夫しようとしたり，相手を意識したコミュニケーションの態度を心がけようとしたりする姿が見られるようになります。

② 単元の導入後（第2時）
①どんなビデオレターにしたいか，内容と構成を考える（20分）

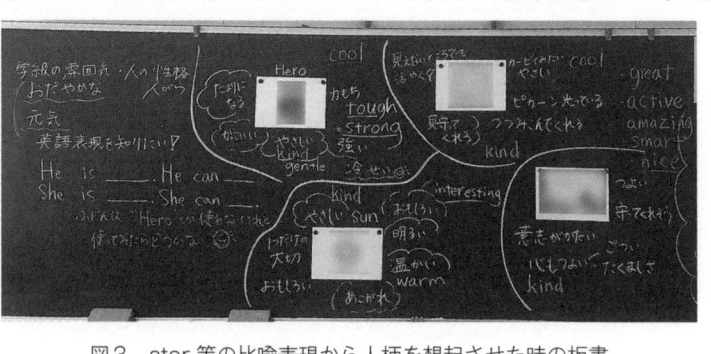

図3　star 等の比喩表現から人柄を想起させた時の板書

“He is my hero.” 等の表現は子供たちの日常においてはあまり馴染みのない表現ですが，人柄を印象付ける面白い表現だと言えます。一方で，これまでの実践において，‘hero’ という表現だけでは，「紹介する友達を表す表現として，しっくりこないんだけどなあ」という子も多くいました。そこで，‘hero’ に加えて，‘sunshine’ ‘star’ ‘rock’ という英語表現も子供に提示し，どのような人柄やイメージを感じるか，思いや考えを聴き合い，自分が紹介する友達に合うものを選択するようにします。この活動を組み込むことで，後に友達について紹介する時に活用する英語表現を自分たちで考え出し，選択することができる「言語材料の素材集」が出来上がっていきます。以下のようなやり取りで進めます。

T ：What images do you have on a ‘star’?

S ：見えないところでも活躍している感じ。

S ：ああ，わかる。

T ：I see. Nice. Stars are <u>shining</u> in the dark. Any other ideas?

S ：つつみこんでくれるような人に合うと思います。

S ：うん，なんか，見守ってくれる感じかな。

ALT：Good thoughts. Sometimes stars shine softly, and they are <u>warm</u>.

T ：A nice word for a <u>warm</u> person.

　子供は日本語で答えていますが，教師の話す英語を注意深く聞き，‘shining’ ‘warm’ などの言葉に出会います。これらの言葉を用いて，後の言語活動で，“She is <u>warm</u>.” などの表現に活かす姿に繋がります。

　子供たちに ‘hero’ 以外の ‘sunshine’ ‘star’ ‘rock’ の英語表現で，人を表す英語表現を紹介する時には，次ページの表に示すような音楽を聴かせながら導入しました。

表1 導入する語彙とそれに合わせて提示した楽曲

導入する語彙・表現	楽曲のタイトル	作詞／作曲
Sunshine	You Are My Sunshine	Jimmie Davis／Charles Mitchell
Star	YOU ARE MY STAR	AI
Rock	He's My Rock	Bri Babineaux

　これらの比喩的な英語表現について，それぞれのイメージや人柄と関連付けて考えを膨らませることで，子供たちが実際にビデオレターで紹介する友達の人柄と重ねながら英語表現を選択したり考えたりしていきます。

※子供が実際に書いたワークシートは，QR5を参照

> 【子供の振り返りシートより】
> 　Denise さんに紹介する友だちに，ぴったり合う英語の表現を見つけたいと思いました。人柄を表す英語の表現や得意なこと，好きなことなども入れながら，ビデオレターを作っていきたいです。まだくわしく知らないところも見つかったので，少しインタビューもしてから，内容を決めていきたいです。（原文のまま）

②友達へのインタビュータイム（10分）

　誰が誰に紹介するかまだわからない段階ですので，子供たちは自分が誰のことを紹介するのかカモフラージュする目的も含めて，できるだけ多くの友達とやり取りをしようとします。

※詳細インタビュータイムの流れは，QR6を参照

③言語活動に向かう一歩目を踏み出せる程度に，言語材料に慣れ親しませる（10分）

T：Jason 先生のお母さんに，自分のことや友達のことをよくわかってもらって，すてきな学校だなあって感じてもらえるようなビデオレターにするために，一緒におおよその流れを考えてみましょう！　Please share your ideas to make a video message to Denise-san!

S：それいい！　O.K.

S：最初は，Hello! / Hi!

S：Nice to meet you! もいいんじゃない？　Denise さんも私たちに言ってくれてたよね。

T：O.K, great.　What's next?

S：友達かな，いや，まず自己紹介か。

S：My name is 〜. が使えるよね。

T：どう，みんな？

S：A good idea!　元気ですよ！っていうのも言いたいな。

　このように，子供同士や子供と教師が対話しながら，大まかな構成をつくり，それぞれのビデオレターに活かすことができるようにします。

　おおよその全体像が見えると，子供たちはチームの3人で協力したり，別のチームの友達と関わったりしながら，自分が表現したいことに合う英語表現を考え始めます。教師は子供たちの学びの様子を見ながら，英語表現を考えている様子を見取ったり，英語表現を想起しやすい

ように，場面や状況に関連する話をしたり，英語表現を教えたりします。

③ ビデオレターを作っては改善していく（第6時〜第8時）
○仲間とともに，たっぷり試行錯誤する時間を確保する（25分×3回）

内容や構成を考えたり，英語表現を工夫したりする段階から3人のチームでビデオレターの作成に取り組みます。

ビデオレターでメッセージを言う人以外は，「カメラマン」「プロデューサー」の役割をします。3人で協力してDeniseさんに宛てたビデオレターをよりよく仕上げようと言語活動に取り組みます。

撮影を終えると，タブレットの画面を3人でのぞき込んで，「さっき練習した問いかけ，できたね！」「"She is good!" って言ってみたんだけど，この表現なんだか不自然じゃない？」「声や目線もばっちりだったよ。」などと互いのビデオレターを振り返ります。

第6時にビデオレターの全体像が具体的に見えてきたら，その日の振り返りの時間を使って，子供たちと一緒に「評価の指標」をざっくりと作ります。これは，記録に残す評価のためではなく，「子供たちが目指しているコミュニケーションの姿に向かうための指標である」ということを子供と共有します。これらの視点で，第7時，第8時では，自分が作成しているビデオレターを見直し，何を改善するべきか焦点化して考える姿が見られるようになります。

この指標に挙げている観点は，子供が「意識する」「心がける」視点となり，教師は子供が試行錯誤している過程を見取りながら各グループを回ります。この際，複数のグループで共通して困っている英語表現や共有するとよい工夫などを意識しながら子供の学びを観察するようにします。※子供たちと作成した評価の指標PDF版は，QR7を参照

QR7

> 【子供の振り返りシートより】
> 　今日はビデオレターを撮影してみて分かったことが2つありました。1つ目は，ビデオを撮っていると，気持ちを込めずに棒読みになったり，笑顔になっていなかったりしていたことです。わたしは，なるべく内容などを覚えて，気持ちを込めて伝えるようにしたいです。2つ目は "He is nice." "He is a good runner." "He is reliable." のように，ずっと "He is 〜." が続いていたことに気付きました。だから，"He can 〜." や "He likes 〜." を取り入れて，相手がさらに分かりやすいと思うような英語表現にしていきたいです。（原文のまま）

前ページの振り返りや授業中の子供の言語活動の取り組みを見取り，次時の学習課題を考えていきます。例えば「"He is 〜." が連続していて少しわかりにくいビデオレターを，"He can 〜." などを組み込んで相手にわかりやすくするには，どのような組み立てにするとよいだろう。」のような課題が考えられます。

子供は，前後の文のつながりに目を付けて，聞き手にとってわかりやすい内容のつながりになっているか，という視点で，友達のビデオレターだけでなく，自分のビデオレターをメタ的に捉え直していきます。

このように，自分たちで考えた評価の指標があるからこそ，目標に向かって自分の言語活動の実際から課題を見いだし，よりよく表現しようとする態度が養われていきます。

④ 単元の終末（第９時）

単元を通して，一生懸命相手の気持ちを考え，英語表現を練習したり工夫したりして仕上げたビデオレターを視聴し合います。

> 【子供の発言】
> ・かずきくんが，Denise さんを本当に楽しませようとしているのが伝わってきた。そして，友だちのよさもよく伝わるように，得意な絵の実物を見せたりして，よく工夫されていた。
> ・初めは英語で話すのが苦手だと思っていたのに，友だちと一緒に練習していくうちに，どんどん英語で言えるようになってきて，Denise さんに自分のことや友だちのことを紹介するのが楽しくなっていった。たいちくんとあやこさんと協力して取り組めて，外国語の学習がおもしろくなった。このビデオレターを見て，感動してくれたらいいな。（原文のまま）

子供たちは，互いのビデオレターの表現の工夫や主体的にコミュニケーションを図ろうとしている態度についてよいところに着目しながら視聴し，相互にフィードバックをします。本実践では発表という形で行いましたが，付箋を活用したり，アプリ内でコメントを共有したりすることもできます。このようなやり取りを経て，子供は学習の過程全体を俯瞰的に見直し，単元末の振り返りを記述します。

4 指導のポイント

① 話すこと［発表］の特性と子供への理解の上で言語活動を考える

子供たちと日々の学びを共にする中で感じることは，『「プレゼンテーション」（話すこと［発表］の活動）は練習や準備ができるから挑戦しやすい』というわけではない，ということです。子供たちにインタビューしてみると，「人前で話す緊張感」「英語が滑らかに言えず，引っかかってしまったらどうしようという不安感」がとても高まる活動であるということがわかります。そこで，言語材料である "She [He] is ～." や "She [He] can ～." を自然な場面で使う場面や状況を考えます。今回は ALT の家族に第三者（友達）を紹介するという文脈づくりに力を入れています。ALT の家族という相手の設定が難しい場合でも，「同じ中学に通う隣の小学校の友だちへ」「日本の学校に関心のある ALT の友人へ」というように，友達を紹介する必然性のある相手を考えることができます。また，She [He] の対象を友達ではなく，「有名な人物」とする場合は，「プロモーション動画を作ろう」「紹介する人物のファンを増やそう」

というように，コミュニケーションの場面や状況を柔軟に変更することも考えられます。

2 子供が学びの主導権をもち，繰り返しチャレンジできる安心感のある学習環境をつくる

　どの教科・領域の学びにも当てはまることですが，自分の考えを表現できたり，「どう考えている？」と尋ねたりすることができる子供同士の関係性があることは，自分にとって新しい言語を用いて表現しようとする外国語科の学びにおいても必要不可欠です。日々の学級経営はもとより，学習を通して学級づくりを行っていく意識で，子供同士がチームとなり，互いの目標の達成のために協働的に課題を解決していく「学びの枠組み」を大切にしています。

　今回の実践では，学びの枠組みの一つとして3人のチームという形を提案します。話し手にとってカメラマンは「撮影してくれる人」ですが，撮影している人は友達の英語表現をしっかりと「聞いて」います。「プロデューサー」という立場で見守る人も，じっくりと聞いた友達の英語表現から，気付きや感想を伝え，自分のビデオレターに生かしたいと思うものを見つけると，取り入れていきます。子供同士が対等な関係性の中でサポートし合うからこそ，「うまくいかなかった」ということでも素直に話し合い，「次はこうしてみよう」という改善策をチーム全員のために考え出すことができるようになります。

　さらに，今回ICTを活用していることで，学習において大きく三つのよさを生み出したと考えます。まず，繰り返し撮影することができるため，何度も聞き，何度も話す状況が自然と生まれます。子供の振り返りにもあったように，「内容をできるだけ覚えたい」という気持ちが膨らむことは自然なことです。しかし，教師が何度も言わせる場を設定して覚えていくのと，自分で教師やデジタル教材の発音を聞き，自ら話して友達と一緒に見直すことを繰り返すのとでは，学びに向かう主体性は大きく異なります。次に，自分のコミュニケーションの様相をメタ的に見直すことができることです。今回の実践では，自分の話す様子を動画で見直す経験を繰り返し，自分たちで作成した評価の指標と照らして振り返ったことで，子供の中に「今の表情ってどうだった？」「あの英語表現って，きちんと伝わるかな？」という批判的思考が働き始めました。さらに，ポートフォリオ的に，自分のコミュニケーションの変容を録画により蓄積できます。自らの学びの過程を振り返る時，「どうして自分は○○がこんなにできるようになったのだろう。」と，自分の成長や変容という事実を根拠にプロセスを見返すことができるようになります。そうすることで，「ALTのJason先生の発音を繰り返し聞きながら練習したのが効果的だった。」「評価の指標とセットで動画を見直したことで，自分の態度が自覚できた。」等の学習方略や「Deniseさんへの思いが明確にあったから」といった目的の重要性に気付くことができると考えます。

3 教科書を柔軟に活用する

　本実践では，デジタル教科書の動画を「①内容を楽しんで聞く」「②言語材料を知る・見つ

けるために聞く」という二つの目的で活用しています。子供たちは目的や相手意識を明確にもって学んでいるため，「〜がよくできるという表現はどう言うのだろう」といった課題意識をもちます。そのタイミングで，デジタル教科書の動画を試聴する場を設定することで，どのような場面でどのような英語表現を使っているのか，目的や場面，状況を意識しながら英語表現を聞く姿が見られました。

4 振り返りから見取った子供の困り感を次時の課題に生かす

　毎時間の終末に5〜7分程度振り返りの時間を設定します。子供たちは基本的に振り返りシートに①この時間にできるようになったこと，言語や文化について気付いたこと，②どのようにしてできるようになったのか（学習過程），友達とのどのような関わりや発言が自分の考えに影響を与えたか，③次時に向けての課題やよりよくしていきたいこと，次時に解決していきたい困りごと，この3点を軸に記述します。子供たちへは，学習における具体的なエピソードを記述するように指導をしています。そうすることで，子供の思考過程を見取ることに繋がり，次時にどの子供を中心に観察していく必要があるか等が明確になります。また，学習者自身が，自らの学び方を自覚することで，学習内容や方法を自ら調整していくことに繋がると考えています。※子供の振り返りシートは，QR8を参照

QR8

5 評価のポイント

1 子供が自らの目標達成に向けて取り組み，学びを改善するための評価

　「評価」と聞くと，教師が行うものと捉えられがちですが，学習者が自らの学びをよりよいものにしていくための評価を大切に考えて実践しています。その一つが「子供と作る評価の指標」です。子供がおおよそのコミュニケーションの全体像をつかんでから，「目指す姿」を言語化する場を設け，段階的に整理します。そうすることで，「今の自分はどの段階かな」と意識的に立ち止まり，よさや課題に気付くことができるようになると考えています。

2 毎時間の振り返り

　毎時間の振り返りの記述では，子供が学びの過程でどのような思考を働かせていたのか見取るために，「誰と」「どのような関わりを」といった具体的なエピソードが記述されていることが重要です。今回の実践では，教師は子供の学習過程と困っていることを把握することで，次時の学習課題を吟味したり，学習活動を選択したりできるようになります。また，学習者である子供自身も，自分のコミュニケーション上の課題や学習における熟達具合を認識しやすくなるため，学習の自己調整を図る上で有用な情報を整理することができるようになると考えています。

3 1単位時間内の立ち止まり

　本実践では，子供が３人のグループとなり，英語による対話とともに，日本語による対話を通して，英語表現の工夫やビデオレターの内容，構成について改善を繰り返すことができるよう，単元を構成しました。「Denise さんに，この英語表現で本当に伝わるかな？」「紹介する友達のことが，よりよく伝わる表現になっているかな」というような立ち止まりを価値付け，「思考・判断・表現」や「主体的に学習に取り組む態度」について，３時間かけて記録に残す評価を行うことができました。「知識・技能」については，子供が撮影し，教師に提出していった毎時間のビデオレター動画のうち，終盤のものを記録に残し評価に活用しました。

4 単元末の振り返り

　単元末に，互いのビデオレターを視聴し合い，成長や変容を認め合い，喜び合う場を設定したことで，子供が達成感や自己肯定感を持つことに繋がったと考えています。このような活動で自分の学びを長いスパンで見直すことは，長期的に学習に向かう内発的な動機付けとなると考えています。毎単元でなくても，２，３単元に一つずつ程度で，単元全体の自己の変容と学習過程を振り返るジャーナル（QR9参照）を作成したり，ミニレポートをノートに記述したりすることで，先述したような長期的な学習への動機付けを高め，子供が自分自身の学びを改善していく態度を養うことに繋がっていくと考えています。

QR9

Point

●このレシピのポイント

●聖学院大学　東仁美●

　髙田先生のレシピは，素材や仕込み，下味にもこだわった煮込み料理のような言語活動である。ビデオレターを通して，自分や自分の友人を大好きな ALT のお母さんに英語で紹介して，喜んでもらいたいという言語活動の目的や場面，状況の設定は見事であり，この目標に向かって，児童が主体的に取り組み，グループで対話をしながら，深い学びを実現している。教師は料理の味付けに対してアドバイスはしているが，語句や表現，発表の仕方を工夫しながら，実際に味付けをしているのは，児童である。煮込んでいる料理を途中で何度も味見するように，３人のグループで「作っては改善していく」というプロセスでは，対話の中で学び合いが生まれている。言語活動の充実の根底にはしっかりした学級経営があることが，教師と児童の発話例から垣間見られる。

　髙田先生の実践には，授業づくりにおけるセンスの良さが感じられる。この単元に限らず，きっとどの単元においても，どの教科においても，目の前にいる児童の実態をいつも思い浮かべ，言語材料（素材）をどう料理しようかという思考が，髙田先生の頭の中では常に働いているのではないだろうか。言語活動の達成度の高さは，髙田先生の授業力や英語力，そしてICT の知識，また３年次から多様な言語活動に取り組む附属小学校ならではの言語材料の豊富さにもよるだろうが，「この言語材料をどう料理しようか」「どんな栄養をつけたらいいだろうか」と思考を働かせながら，授業をデザインする習慣をつけることは，誰にでも真似できるだろう。自分の考えや気持ちを伝え合いたいという児童の意欲を育てることが，充実した言語活動の最初の一歩だと実感できるこのプロのレシピから，その極意をぜひつかみ取っていただきたい。

4 「読むこと」に重点を置いた言語活動　●長谷川郁貴先生のレシピ●

❶ 届け，世界へ僕の夢 What do you want to be?【NEW HORIZON Elementary 5 Unit 3】

目標 将来の夢について，相手に伝わるように内容を整理した上で，自分の考えや気持ちなどを発表することができる。音声で十分に慣れ親しんだ語句や表現で書かれた，友達の考えや気持ちなどを推測しながら読んで意味がわかる。

英語表現 I want to be（職業名）．　What do you want to be?

---

1 この言語活動の特徴

　本単元は自分の将来の夢について友達と紹介し合う単元です。一年間同じ学級で生活をしていても，友達の将来の夢については案外知らないものです。高学年になり，将来の夢は漠然としたものから，具体的なものになってきます。総合的な学習の時間でキャリア教育をテーマにした学習に取り組んできている学校も多くあると思います。様々な分野のゲストティーチャーから話を聞いたり，調べ学習を進めたりする中で将来の夢について真剣に考える児童が増えてきます。そして自分の夢だけでなく，同年代の友達はどのような夢を持っているのか，なりたい理由は何なのかと高い関心を持つでしょう。本単元の最後には将来の夢をポスターにまとめ，読み合う言語活動を設定しました。しかし英語を読むことは児童にとって高度なことです。そこで「話すこと［やり取り］」→「話すこと［発表］」→「書くこと」→「読むこと」の順番で，

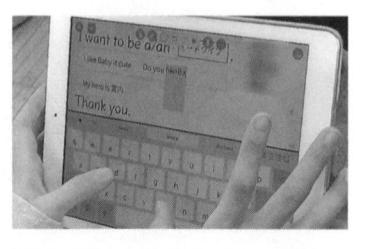

段階を踏んで指導しました。書いたり読んだりするまでに，何度も音声を聞いたり話したりする場を設定することで，スムーズに読み書きに繋げるためです。本校では児童は発表の際にタブレット端末を使い，自分の原稿を打ち込み，忘れた時のヒントにしています（右写真）。「話すこと［やり取り］」の際に，メモ代わりにタブレットに文字入力したり友達の入力した文字を読んだりすることが，活動の中で自然に文字に慣れ親しむ機会になっているのです。このように単元を通して文字に慣れ親しんだ児童はポスターを読み合う言語活動でも，抵抗なく活動に取り組んでいきます。

　言語活動では，互いの考えや気持ちを伝え合います。しかし，同じ学級の友達とは英語で交流する前から互いの考えや気持ちを知っていることも少なくありません。例えば「話すこと［やり取り］」において，サッカーが好きだと知っている友達に対して "What sport do you like?" と聞くような活動は言語活動とは言えません。英語の練習にはなっていますが，考えや気持ちを伝え合うことにはなっていないからです。互いの情報を知らないからこそ，「○○さんのことが初めてわかった」「私の予想と違って驚いた」「私と同じことを考えていた」とコミュニケーションの喜びを感じるのです。これは，読むことの言語活動でも同様です。英文をドリルのようにひたすら読むことは，練習にすぎないのです。どんなことが書いてあるのか知りたいという気持ちを持たせることが読むことの言語活動の第一歩です。

2 単元の指導計画（全10時間）

時	学習活動	子供の姿
1 2	○将来の夢を紹介し合う単元のゴールについて見通しを持つ。 ○紹介する内容（将来の夢とその理由）を決める。	◎友達に自分の将来の夢を紹介してみよう。 ・私は医者になりたい。 ・I want to be a ～. と言えばなりたいものを紹介できる。 ・今までに学んだ I like ～. が使えそう。
3	○将来の夢についての原稿を作成する。	◎友達に自分の将来の夢を紹介してみよう。 ・I like soccer very much. I want to be a soccer player.
4	○班の友達に夢を紹介する。	◎よりよく自分の思いを伝えるにはどうしたらよいのだろうか。 ・理由を入れるとよい。It's fun. を入れよう。
5	○学級の友達に夢を紹介する。	◎よりよく自分の思いを伝えるにはどうしたらよいのだろうか。 ・あこがれの選手についても入れよう。
6	○隣の学級（5年2組）の友達に夢を紹介する。 ○お手本動画を見て，よいと思ったこととその理由を話し合う。	◎よりよく自分の思いを伝えるにはどうしたらよいのだろうか。 ・Do you know ～？ Do you like ～？ と質問しながら発表した。質問することで友達に自分の夢についてより興味を持ってもらったり，相手がわからないところを説明したりするために行った。△△さんが私の将来の夢と同じでびっくりした。同じ夢の友達が見つかって嬉しく思った。
7	○マニラ日本人学校の友達の夢とその理由を予想した後，将来の夢を紹介し合う。	・附属小は医者になりたい人が多いけど，マニラでは海外で働くような仕事が人気だった。同じ日本人だけど，住んでいる環境が違うとなりたい仕事も異なるのかな。普段だったら関わることができない友達と関わることができて嬉しかった。 ・相手に自分の言いたいことが伝わっているか確認するために Do you know ～？ と聞きながら発表した。相手に Do you like ～？ と質問して相手の意見も聞いてみることができた。
8	○夢宣言ポスターを書く。	◎夢宣言ポスターを書いてみよう
9 10	○夢宣言ポスターを読む。	◎夢宣言ポスターを読み合おう

　児童にとって文字情報だけで読むことはとても高度なことです。そこでポスターを読み合う活動を設定しました。下図は単元終末に書いた夢宣言ポスターです。右側にはイラストを描くスペースを作りました。児童は英文だけでなく，イラストを頼りにして友達の夢について推測しながら読むことができるのです。ポスターの上半分には現在の夢を，下半分には小さい頃の夢を書いています。このポスターを読み，書いたワークシートが次ページのワークシート①です。

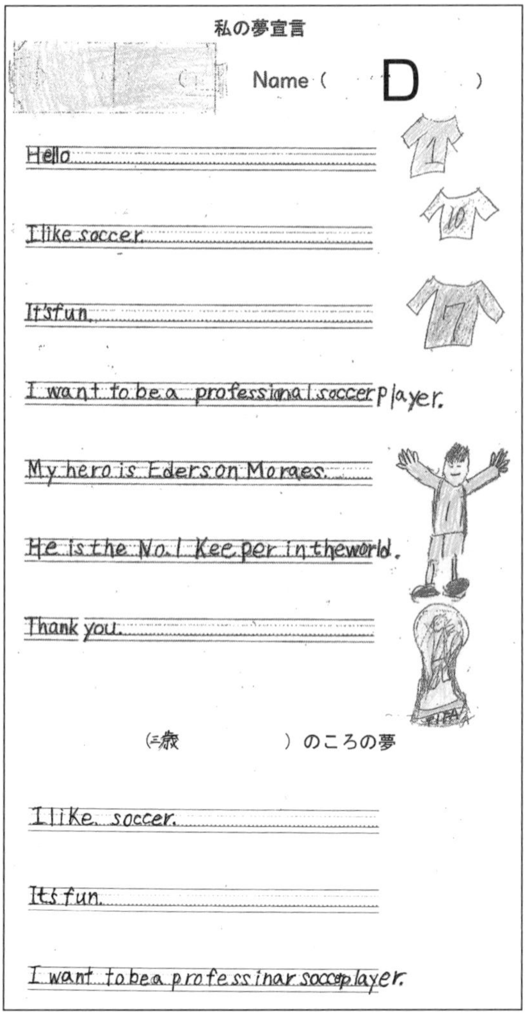

単元終末に書いた夢宣言ポスター① 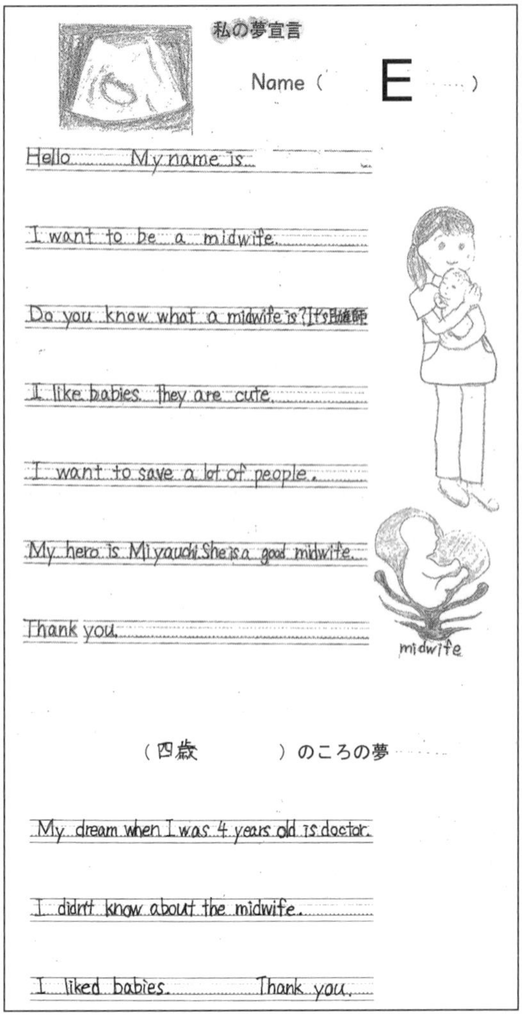　　　　　　　　単元終末に書いた夢宣言ポスター②

誰から	誰に	分かったこと	感じたこと
A	B	・動物が好き 　その中でも犬が好き ・獣医になりたい ・個人の病院を持ちたい ・6歳の時はユーチューバー	・犬が好きなのが同じ ・個人の病院を持つことがすごい。 　頑張って下さい。 ・6歳の時の夢がユーチューバーなのはすごい。
A	C	・作曲家になりたい 　→かっこいい、楽しい ・音楽が好き ・音楽(曲?)がボカロをつくりたい ・幼稚園の時はケーキ 　→甘い	・音楽が好きなのは意外だった。 ・　さんは、ものを作ることが得意だから、作曲家になれると思います。 ・ケーキが夢だったことはとても意外で面白かった。
A	D	・サッカーが好き 　→楽しい ・サッカー選手になりたい ・あこがれの人がキーパーの選手 ・3歳の時と夢が同じ	・　さんはサッカー選手になれると思います。 ・サッカーが好きなのは予想通り ・3歳の時もサッカー選手になりたいと知り、それほどサッカーが好きなんだなと思いました。ずっと同じなのはすごいと思います。
A	E	・助産師になりたい ・赤ちゃんが好き 　→かわいい ・多くの人を助けたい ・4歳の時は医者	・　さんはいつも人を助けているから、助産師になれると思います。このまま頑張って下さい。 ・4歳の時から人を助けたいと思うことはとてもすごいと思います。
A	F	・理科が好き ・救急救命師?になりたい 　→かっこいい ・小3の時は小児科の医者	・理科が好きなのは意外 ・いつも優しい　さんは、人を救うことができると思います。頑張って下さい。

振り返り（友達からのメッセージを読んで）

> みんなから、たくさんのメッセージをもらい、これからも頑張りたいと思いました。みんなからのメッセージを思い出して、大変なときや困ったときなどを乗り込えて、たくさんの人を助け、笑顔を増やすお医者さんになりたいと思いました。

ワークシート①

　児童は友達の夢宣言ポスターを意欲的に読み合います。ワークシート①には，「いつも人を助けているから助産師になれると思う」など，書かれた英文を基にして友達への思いも書かれています。互いの考えや気持ちを伝え合えたからこその記述です。英文を読むことがゴールではなく，読み合うことでお互いを深く理解することに繋がっているのです。この言語活動に至るまでにどのような単元構成をしたのかを時系列に沿って説明します。

第**1**～**3**時　単元終末の言語活動への見通しを持つ・将来の夢の原稿を作る

※ QR 1 参照

第**4**～**7**時　相手を替えながら，発表をする

　最初は班の友達と，次に学級の友達と，そして隣の学級の友達と，最後にマニラ日本人学校の友達と，のように交流する相手を替えながら発表を行いました。交流する相手を変えながらの発表を複数回行うことで，児童は常に新しい相手に自分の思いを伝えることができ，友達の夢について知ることができます。多様な夢の内容を聞けることで，常に意欲的に活動に取り組めます。また，何度も発表を繰り返す中で，自分の発表の課題を見つけて改善し，次の発表に活かす姿が見られました。児童は意欲を持続しながら活動に取り組み，思いを伝えるために試行錯誤し，言語材料を定着していくのです。

第**8**時　夢をポスターに表そう

　将来の夢をポスターに書いてみようと提案します。英文のみではなくポスターにするのは，英語だけではなくイラストも頼りにして読ませるためです。児童は前時までに発表した I want to be a / an ～. や I like ～. I can ～. 等，既習の英文を取捨選択しながら自分の思いを文にしていきます。最初英文を書くのは心配だと話していた児童も，何度も話したり聞いたりした内容なので，抵抗なく書いていきます。また，ポスターの下半分には自分が小さい頃の夢を書くスペースを作っておきます。

T：前時までに友達と将来の夢を紹介し合ったよね。Do you remember A san's dream?

　　　What does A san want to be?

S：え～と，Doctor.

T：Why does he want to be a doctor?

S：It's cool. とか help many people と言っていました。

S：○○さんの夢まだ僕聞いていなかった。

S：まだ全員分の夢と理由がわかっていないから他の人の夢も知りたい。

S：クラス全員の夢が知りたい。

T：なるほど。じゃあ，みんなが発表した将来の夢をポスターにして読み合ってみよう。

S：やってみたい。

S：え～，書くのは難しそう。できるかな（書き始める）。

T：ポスターの右側にはイラストを描きましょう。

第**9**～**10**時　互いの夢を読み合おう

　互いに書いたポスターを読み合う活動を設定します。

T ：今日はみんなが書いたポスターを読み合ってみましょう。自分と同じ列３人の人について わかったことと感じたことを書きましょう。３人の人について書き終えたら，他の友達のポスターも読みましょう。

S1 ：え〜，読めるかなぁ。え〜と，I want to be a ….（一度とばして読む。）It's cool. I want to be a …，え〜これ何？

S2 ：□□さんのポスターだから，何か作る系の仕事だよね。アニメのキャラクターも書いてあるし。

S1 ：え〜と，デスィグナー（ローマ字読みで読む。）

S2 ：あ，I want to be a デザイナーだ！

S1 ：あぁそっか。□□さんっぽいね。

S2 ：確かに。似合う。

※普段の友達の好みやイラストから推測して，何かを作る仕事だと予想する姿です。文章をローマ字で読み，知っている情報と結びつけながらデザイナーだと考えました。

S3 ：I want to be an architect. え？architectって何？ △△さん，What is this?（本人に指を指しながら聞く。）

S4 ：Architect is 建築士.

※わからない言葉を友達に英語で質問し，解決している姿です。読むことを独立して教えているのではなく，「話すこと［やり取り］［発表］」を学習したからこそ見られる姿です。

S5 ：●●さんのは…I want to be a police officer.
I like P.E. My hero is Matsumoto Kaoru.
She can do judo. I want to be like her.（一行ずつ指でなぞりながら音読をする。）

S6 ：おー，なんか●●さんっぽいね。似合う！

S5 ：昔の夢も見よう。（下をめくる。）

S6 ：I want to be a ramen shop owner.
I like ramen. It's very delicious.

S5 ：え〜，意外。●●さんって，ラーメン屋さんになりたかったの？ 面白い。

S6 ：警察になりたいのは知っていたけど，ラーメン屋さんは初めて知った。

※今の夢と昔の夢を比較しながら読んでいる姿です。

今回の行った指導のポイントは次の三つです。

1 文の数の制限

　今回 Hello. と Thank you. の間に 5 文のスペースを用意し，「5 文以内で思いを書きましょう」と指示をしました。本当に伝えたいことは何なのか，わかりやすく伝えるにはどの文を残すべきなのか，どの順番で書くと伝わるのかと，児童は思考をしながら伝えたい英文を精選します。文を選ばずに書かせると，発表原稿をそのまま写すことだけに留まってしまう児童がいるでしょう。読み手を意識して書かせることが，読む言語活動に繋がっていくのです。

2 意欲を引き出す工夫

　折り曲げた箇所に昔の夢を書かせるスペースを設けました。児童は前時までの発表において，学級の半数の友達と発表をし合っています。新たな情報を加えることで一度発表を聞いた友達であっても意欲的に読む活動に取り組むことができます。これまで何度も使ってきた I want to be a / an 〜. に加え，既習の言語材料を選択して書くことができました。このように新情報があることによって，児童は「互いの考えや気持ちを伝え合う」ことに向かっていきます。読む時にも「ケーキになりたかったの？ パティシエじゃなくて？」「○○さんの夢は昔と変わっていない」「昔と比べて△△さんの夢が全然違うのは何で？」等と今と昔の夢を比較し，意欲をもって読み合う姿が見られました。言語活動の際，最初は追加情報の部分を畳んで置き，気になった人がめくるようにしました。読むことが苦手な児童の心理的不安を軽減するためです。今の夢と昔の夢を比較することで，児童は深く思考しながらポスターを読んでいきます。

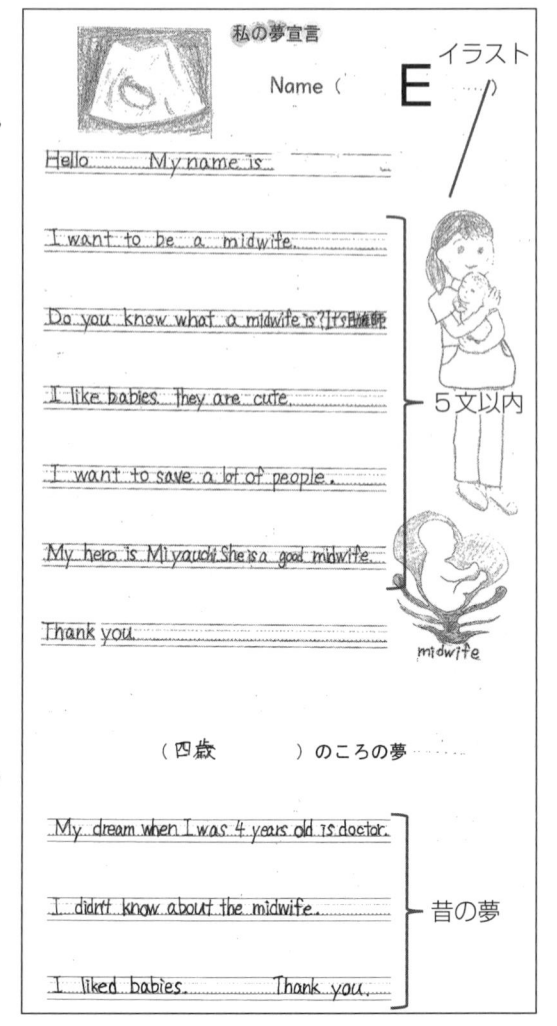

私の夢宣言
Name (　　　　　)

イラスト

E

Hello.　My name is _____

I want to be a midwife.

Do you know what a midwife is? It's 助産師

I like babies. They are cute.

I want to save a lot of people.

My hero is Miyauchi. She is a good midwife.

Thank you.

5文以内

midwife

（四歳　　　）のころの夢

My dream when I was 4 years old is doctor.

I didn't know about the midwife.

I liked babies.　Thank you.

昔の夢

③ 何度も発表したものを書かせる

　今回の単元では相手を替えながら将来の夢について話をしています。読んだり書いたりする前に何十回も意味のある文脈で話したり，聞いたりしているのです。このように児童にとって慣れ親しんだ英語を書いたり読んだりする活動を設定することで，話す，聞くから読み書きにスムーズに繋がります。授業の中では，読み書きが苦手と言っていた児童が「あれ？なぜか読めます。何となく読める。えー，不思議」と言いながら読んでいました。授業後に話を聞くと「自分の原稿で何度も言ったから，頭の中に音が出てきて読める。わからないところもあるけど，ローマ字読みで読むと何となくこれかな？と読むと大体わかる」と話をしていました。何度も音声で触れることが文字に繋がることを証明するような姿です。

5. 評価のポイント

　今回の実践ではペーパーテストは行わず，言語活動中に行ったワークシートで評価を行いました。「分かったこと」と「感じたこと」に分けて記述できるワークシートを作成しました。「分かったこと」には，英文から読み取れる事実を，「感じたこと」は事実を基にした友達への思いを書かせます。「分かったこと」から「知識・技能」の，「感じたこと」から「思考・判断・表現」や「主体的に学習に取り組む態度」の評価を行います。下の「振り返り」には友達のメッセージを読んで，自分がどのように思ったかを記述します。

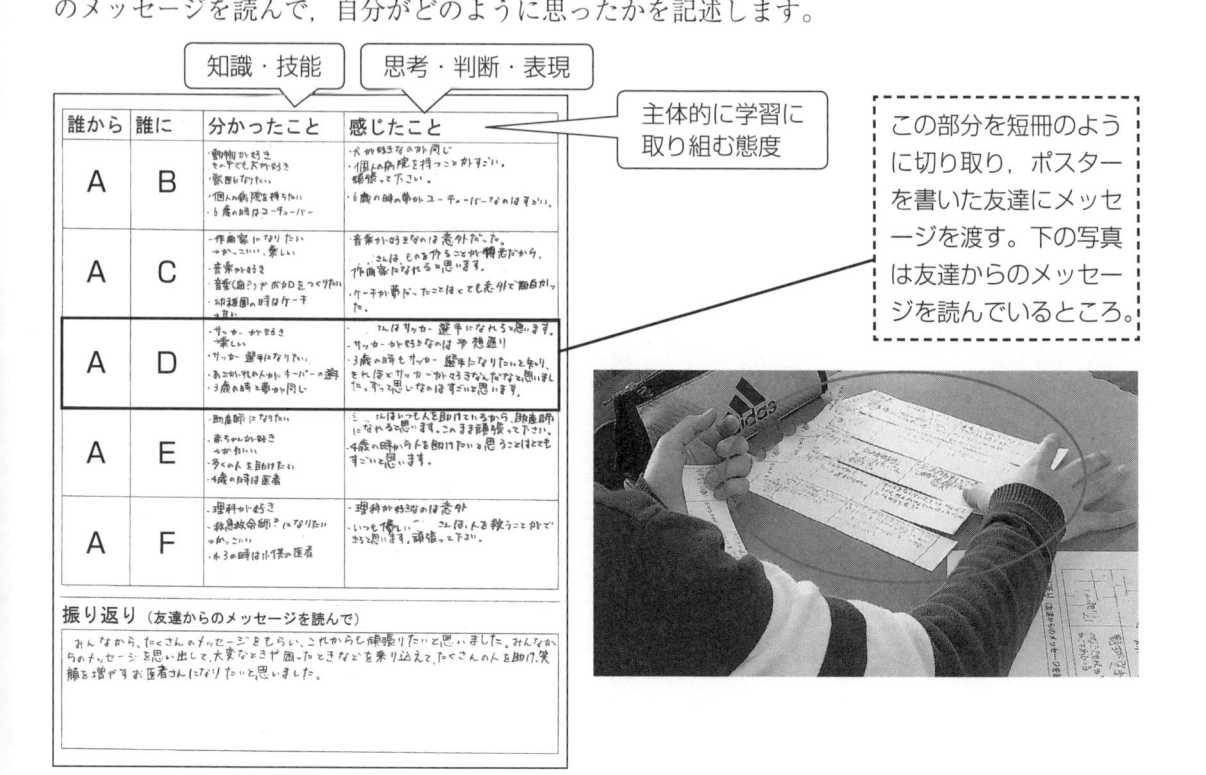

知識・技能　　思考・判断・表現

主体的に学習に取り組む態度

この部分を短冊のように切り取り，ポスターを書いた友達にメッセージを渡す。下の写真は友達からのメッセージを読んでいるところ。

振り返り（友達からのメッセージを読んで）

ルーブリックは以下の通りです。

	知識・技能	思考・判断・表現	主体的に学習に取り組む態度
A	・相手の夢，なりたい理由に加え，その他の情報も正確に読み取っている。	・読んだことを基に，友達の将来の夢や，その理由について，他の情報（小さい頃の夢）と関連付けながら，内容を理解している。 ・イラストを基に，適切に意味を推測して読んでいる。	・読んだことを基に，友達の将来の夢や，その理由について，他の情報（小さい頃の夢）と関連付けながら，内容を理解しようとしている。
B	・相手の夢，なりたい理由などをほぼ正確に読み取っている。	・読んだことを基に，友達の将来の夢や，その理由について，内容をほぼ理解している。 ・イラストを基に，ほぼ適切に意味を推測して読んでいる。	・読んだことを基に，友達の将来の夢や，その理由について内容を理解しようとしている。
C	上記に満たない。	上記に満たない。	上記に満たない。

・助産師になりたい

・赤ちゃんが好き　つながりたい 　　【知識・技能】

・多くの人を助けたい

・4歳の時は医者

三〇〇さんはいつも人を助けているから、助産師になれると思います。このまま頑張って下さい。

・4歳の時から人を助けたいと思うことはとてもすごいと思います。 　【思考・判断・表現】

【主体的に学習に取り組む態度】

みんなから、たくさんのメッセージをもらい、これからも頑張りたいと思いました。みんなからのメッセージを思い出して、大変なときや困ったときなどを乗り込えて、たくさんの人を助け、笑顔を増やすお医者さんになりたいと思いました。

ワークシート②

　上のワークシートは単元終末に書いた夢宣言ポスター②（p.090参照）を読んだＡさんが書いたものです。「助産師になりたい」という夢がわかっていること，「赤ちゃんが好き，多くの人を助けたい，４歳の頃の夢が医者」と理由と他の情報についても正確に読み取っているため「知識・技能」に関してはＡ評価とします。「思考・判断・表現」と「主体的に学習に取り組む態度」は，読み取った情報である「助産師になれると思います」に加え，「４歳の時から人を助けたい」「いつも人を助けているから」と小さい頃の夢，普段の学級での姿と関連付けて書かれた内容を推測しながら理解しています。よってどちらもＡ評価です。振り返りには「みんなからたくさんのメッセージをもらい，これからも頑張りたいと思いました。みんなからのメッセージを思い出して大変なときや困ったときなどを乗り込えてたくさんの人を助け，笑顔を増やすお医者さんになりたいと思いました（原文のまま）」と記述しています。友達のコメントを読んで，自分の夢に前向きに取り組む決意が感じられます。

　ワークシート③は別の児童のものです。「知識・技能」は将来の夢と，理由を読み取っているものの，他の情報が十分に記述されていないことから，Ｂ評価としました。「思考・判断・

表現」や「主体的に学習に取り組む態度」は，事実を基にした記述はありますが，他の情報と関連付けて読んだり，思考を働かせたりしている様子が十分に見られないことからどちらもB評価としました。

| テニス選手になりたい。
テニスが好き

知識・技能 | テニス選手は向いていると思います。

思考・判断・表現
主体的に学習に取り組む態度 |

みんながこんなこと思っているんだと思った。そして、みんな良いこと書いてあっ

ワークシート③

今回の実践では，「いつもサッカーをしている△△さんの夢はサッカー選手だった。△△さんなら絶対になれると思う」「□□さんは幼稚園の頃から夢が変わっていない。ずっと変わらないのはすごい」と意欲的にポスターを読み合う姿が見られました。自分の思いを伝えたい，相手の思いをわかりたいと感じたからこそ出てくる「読むこと」の学びの姿です。英文を読むことがゴールではなく，読み合うことでお互いを深く理解しています。本実践で児童が読んだ英文は，語彙も文法も小学生にとって難易度が高いものがたくさんあります。自分にとって関わりのない内容の英文であれば，途中で読むことを諦めてしまう児童も多いでしょう。学級で共に過ごす友達が思いを込めて書いた英文だからこそ，児童は読んでみたいと思うし，多少わからない表現があっても，粘り強く主体的に学習に取り組むことができたのです。

Point

●このレシピのポイント
●岐阜聖徳学園大学　加藤拓由●

本稿では，長谷川先生が勤務校で取り組んできた「よりよく伝えるとはどういうことか？」という研究の集大成として，「読むこと」の言語活動を中心に事例を紹介している。それまで，児童は，英語を間違えずにすらすら言えることに主眼を置いて外国語の学習に取り組んでいたという。そこで教師が，「自分の思いを十分に相手に伝えることができましたか？」「相手の本当の思いを受け止めることができましたか？」という問いを繰り返すことで，児童は相手意識を深め，伝えるための工夫を思考しながら表現活動に取り組むようになった。

また，単元の最初は「話すこと［やり取り］［発表］」で，児童の思いを音声でやり取りさせている。その後，音声で十分にやり取りした情報の中から，自分が最も伝えたいことを文字情報として「書くこと」を行う。さらに，友達が思いを込めて書いた英語を「読むこと」に繋げ，音声情報と文字情報を効果的に結びつけている。書いたものを読み合って，わかったことを交流することで，児童は，書いたことが相手に伝わった！という喜びを実感することもできる。本実践は，「読むこと」においても，相手意識を大切にして，推測しながら意味を理解するという，小学校外国語科ならではの優れた「読むこと」の言語活動であると言える。

5 「書くこと」に重点を置いた言語活動　●栄利滋人先生のレシピ●

❶ 夏休みの思い出 My Summer Vacation　【NEW HORIZON Elementary 6 Unit 4】

目標 自分のことを伝え，相手のよく知るために，自分たちの夏休みの思い出などについて，例文を参考に，音声で十分に慣れ親しんだ語句や表現を用いて書くことができる。

英語表現 I went to ～. I enjoyed ～. I ate ～. It was ～.

準備物 デジタル教科書　絵カード　ワークシート

---

1 この言語活動の特徴

　高学年外国語科では，色々な単元で「例文を参考にして書くことができるようにする」ことを目標に「書くこと」の活動に取り組ませています。互いに知りたい・伝えたいという思いをもたせた上で，何度も聞いたり言ったりした例文を手掛かりにして，英文を書くことに慣れ親しませていくことをねらいとしています。

　本稿では「書くこと」の言語活動について考えます。小学校外国語の「書くこと」の言語活動は，中学校以降の「書くこと」の言語活動と比べると，簡単な語句や基本的な表現を扱うため，一定の制約があります。それは，十分に音声に慣れ親しんだ簡単な語句や基本的な表現を書かせるからです。例えば，音声で十分にやり取りした語句や表現のリストから，選んで書き写す活動が「書くこと」の一例です。その中で，児童の考えや気持ちを伝え合う活動が言語活動に繋がります。

　一方，児童の考えや気持ちを全て書かせようとして，児童が負担に思うような難しい語句や表現が増えてしまわないように工夫することが大切です。児童の必要とする語句や慣れ親しんだ表現を使い，書くことへの興味を高めながら，考えや気持ちを表現させるにはどうすればいいのでしょう。一つの方法として自分の気持ちに近いものを「選んで書く」という活動からスタートしました。児童のやり取りの様子から，必要感のある語句や表現を全体で共有し，そこから自分の考えや気持ちに合うものを選んで書き写させます。

　英語で書くという活動は，児童にとって難しさを感じる活動でもあります。児童が「こんなことを言いたい」という思いがまずあり，何度も聞いたり，言ったりしているうちに，音声と意味を結びつけて言うことができるようになってきます。しかし，「これだけ言えるから，もう書けるだろう」と慌てて書く指導をすると，不安になる児童が現れることもあります。そこで，表記を確かめて「写して書く」という活動があることで児童は安心して取り組みます。この安心感を大切にして「書くこと」の活動を豊かにするために，やり取りを通した児童の考えや気持ちを表す語句や表現の共有が重要だと考えます。

　本単元「My Summer Vacation in the World」では，夏休みの思い出を扱いますが，昨年度はコロナ禍での夏休みとなり，家で過ごす児童が多かったため，冬休みの思い出として実施し

ました。教師は，児童がどのような冬休みを，どんな気持ちで過ごしたかを冬休み明けの学級開きの学級活動で想起させ，児童が選びそうな語句や表現を，事前にある程度把握しておきました。訪問した場所や，食べたもの，その時の気持ちなどを，思考を働かせて書く順番を整理し，思いを込めて書くことで，読み手を意識した豊かな言語活動を経験することができます。

2 単元の指導計画（全8時間）※一部，教科書の活動を活用。

第1時　　登場人物の夏休みの思い出についての話を聞く。（教科書の活用）

第2〜3時　冬休みの思い出や昨日食べたものについて友達とたずね合ったり，例文を参考に伝えたい文を書いたりする。

第4〜5時　冬休みの思い出について，したこと，自然，食べもの，感想に関する語句や表現に慣れ親しみながら，例文を参考に伝えたい文を書いたりする。

第6〜7時　前時までに書きためた文を基に「冬休みのイラストメモ」を作り，紹介する。

第8時　　世界の夏休みや，英語と日本語の違いについて考え，世界と日本の文化に対する理解を深める。（教科書の活用）

3 指導の流れ

【例：第2時】

①チャンツなどデジタル教材の音声を使い，思い出の場所やしたこと，昨日食べたものなど過去を表す語句や表現に慣れ親しむ（5分）

②休みの思い出を振り返り，行った場所，したことなどの会話を聞く（10分）

図1

　語順が意識できるような板書とイラストに合わせて，これまでに音声で慣れ親しんできた語句を見ながら，冬休みの思い出についてやり取りします。（図1）

※思い出の内容が異なる3人に冬休みの思い出について紹介してもらい，行った場所，したこと，感想の3つの紹介の仕方をクラス全体で共有します。

③冬休みの思い出を友達と紹介し合う（15分）

※ペアやグループでワークシートのイラストや文字を指差しながら，行った場所，したことなど話したいことを選んで，感想を添えて伝え合わせます。その後，ワークシートに自分の過ごした冬休みの思い出の文になるように必要な語を当てはめて書き写します。

※ペアやグループワークの様子を見て，イラストの語句の中にないけれど英語で言いたいという語句がないかを児童から引き出して，教師の手作りのワークシートに書き足していきます。例えば，この時「街に行った。」という声が多く出ていたので，商店街やショッピングセンターなどの語句とイラストを書き足しました。児童と会話をしながら情報収集をしてワークシートの語句リストの作成に役立て教師の指導改善に活かします。

④冬休みの思い出を発表する（5分）

※思い出紹介の文を工夫して書いている児童数名を取り上げて発表させます。

⑤振り返り（5分）

　この時間のワークシートは，行った場所と楽しんだことの二つを選んで書くようにしています。過去の表現はI went to 〜．I enjoyed 〜．の二つに絞ることで，書き写すことが焦点化されます。感想については，その時の児童の本当の気持ちを短く表現することに留めています。これらの工夫で，どの児童にも負担をかけすぎないようにしています。

4 指導のポイント

　第3時では，食べたものと感想の二つを書くワークシートで，I ate 〜．It was 〜．に焦点を当てています。本時では，一度に三つの表現を書くことは児童が難しく感じると考え，段階を踏んで取り組みやすいように，ワークシートを作成して授業を進めるようにしました。

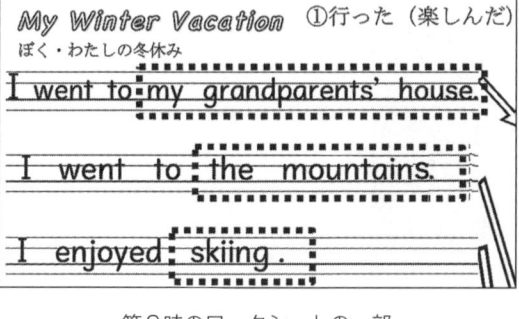

第2時のワークシートの一部

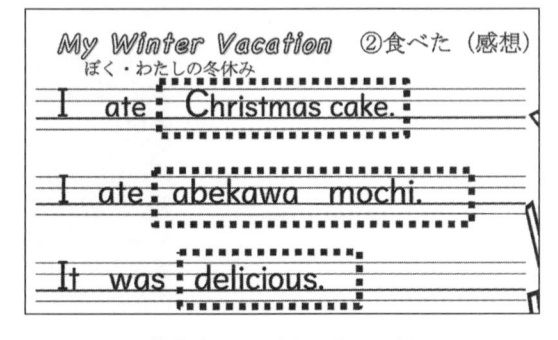

第3時のワークシートの一部

　ワークシートの例文は，単語と単語の間にスペースを入れる意識付けをするために，わざと間を大きく開けています。4線は中段の間隔を少し広くして小文字を大きく書きやすくしています。まだ英語を書くことに慣れていない段階なので，大きな文字で書かせようと全体的に幅広の4線を使ったこともありましたが，書きたい語句が増えてくると書ききれなくなることもわかったので，中段は幅広にしつつ全体的に幅を狭くした（4：5：4）4線にして，書きた

いことを書ききれるように改善しました。また，例文を書き写す部分と選んで書く部分を明確にするために，点線の枠で囲んでわかりやすくしています。

　ここでは，I ate ～.を使って，食べたものの思い出を振り返り，紹介して伝え合うためのメモとしてワークシートに書く活動をしています。この語句リストは，冬休み明けの学級でのアイスブレイクで，クリスマスや正月の思い出を話したことを参考にしました。クリスマスに食べたものにしようかな？大晦日に食べたものもいいなぁ。お正月に食べたものもいいかな？と考えながら，児童は本当に表現したいことをワークシートから語句や表現を選んで書きます。

　食べる表現は，これまでeatで慣れ親しんでいたのがateの表現になりますが，児童にとってはeatがateに変化したという認識はあまりありません。何度も聞いたり言ったりしている

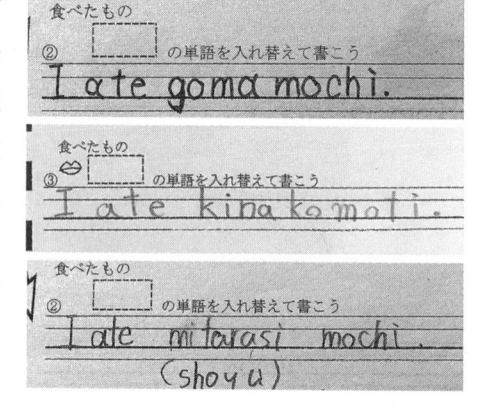

うちに，「食べ物の思い出はI ate ～.を使って言えばいいんだ」と理解していきます。I ate ～.を使って伝え合う工夫として，児童に冬休みに食べたお餅の話題をやり取りさせました。家庭によってお餅は色々な食べ方があります。友達が何餅にして食べているか，聞きたくなります。そこで，ワークシートにI ate ～ *mochi.*と書き写していきます。（右写真）自分の家で食べているお餅についてやり取りをし，何度も聞いたり言ったりするうちにI ate ～.の文を体得していきました。それをワークシートに書き写します。

　このワークシートで大切にしていることは，自分が行った場所，そこでしたこと，楽しかったこと，食べたものなど，自分の身近なことについて，本当のことを書くようにしている点です。全員が思い出を書く時の参考にできるよう，児童が盛り上がっていた話題を教師が把握し，必要感の増した語句や表現を全体で共有していきます。過去のことを言う言い方は，ただ機械的に例文を書き写させるのでは，思いの乗らない書く活動になってしまいます。冬休みを振り返って，出かけた場所や楽しかったこと，おいしかったもの等，自分の本当の気持ちを乗せながらワークシートの中から言葉を「探して，選んで，書き写す」ことを大切にしています。

第4時のワークシートの一部

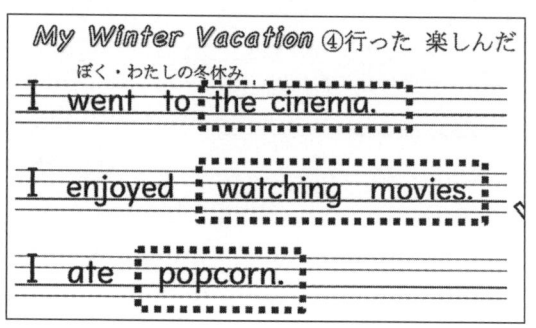

第5時のワークシートの一部

第4時では，見たもの，感想の表現で，I saw ～. It was ～. のワークシートを使いました。第5時では，これまで段階的に増やしながら書いてきたワークシートの表現を組み合わせて，I went to ～. I enjoyed ～. I ate ～. の表現を書く活動に慣れ親しませました。

前時のI ate ～ *mochi.* のワークシートは児童にとって抵抗なく，書きやすかったようで，ate を定着させることに繋がりました。そこで第4時では，見たことI saw ～. の表現への慣れ親しみを期待して，おせち料理をメインにしたワークシートにしました。

おせち料理は家庭によって違い，各地方でも特色があり，食べない家庭もあるなど様々です。そのため，冬休みにおせち料理を見た，という意味でI saw ～. を使って伝え合い，同時におせち料理の意味についても知る活動をしました。自分の家のおせち料理やテレビで見たおせち料理に何が入っていたかということを伝え合う場面を設定し，I saw *kuromame.* などをワークシートに書かせてみました。おせち料理を見たことはあるけれどもよく知らない児童も多く，長寿や健康につながる意味にも興味をもちながらI saw ～. を書くことができました。また，I saw ～. への慣れ親しみをねらった効果として，おせち料理を食べての感想It was delicious. だけではなく，It was nice. It was cool. It was cute. などを選んで書いていました。

おせち料理は，食べるだけではなく，それぞれの料理の色や形に願いや意味があり，見た目の美しさもあるため，I saw ～. It was ～. の表現を活用することができました。

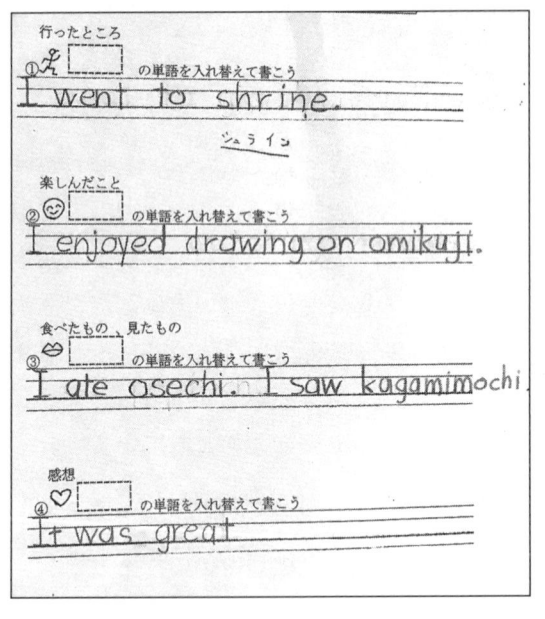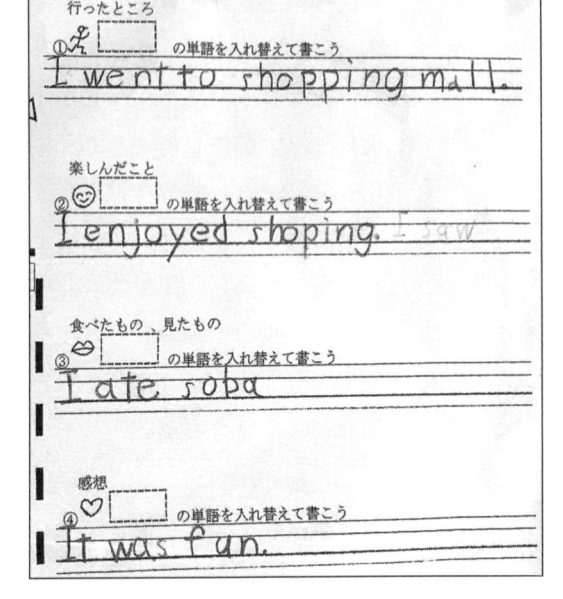

図2　第5時のワークシート

第5時では，行った場所，楽しんだこと，食べたものを組み合わせたワークシートを使いました。これまでワークシートに書きためてきたことは，おせち料理やお餅と行った場所や楽しんだことなど，順番が意識されていませんでした。ここでは，そこに行って，何をして楽しんで，どんなおいしいものを食べたのかという話題のつながりを考え，読み手を意識して書くよ

うにしました。児童は，「あそこに行った時の楽しいことを何にしようかな。」「いろいろ食べたけどやっぱりあの食べ物にしよう。」とI went to 〜. I enjoyed 〜. I ate 〜.の表現を使いながら，思い出を整理し，伝える内容を思考していました。(図2)

　これまで「行った場所のこと」「食べたもののこと」「楽しんだこと」をそれぞれ独立して書き写していたものが，話のつながりを考えて，読み手を意識して思い出の情報を整理して書き写すことができるようになってきました。

　第6，7時では，これまで書いてきたワークシートを振り返りながら，英語で紹介するためのイラストメモを作りました。これには理由があります。ワークシートに書いた文は，そのまま紹介するための原稿にもなります。しかし，児童の様子を見ていると，ワークシートの文を読むことに注意が集中し，気持ちを伝える紹介ではなく，音読のようになっていたからです。しかも，文字を読むことで，英語らしい流暢な発音で言えていた表現が，たどたどしいローマ字読みのような発音になることもありました。そこで，ワークシートの裏にイラストメモを書かせるようにしました。(下写真)

　紹介する時は，ワークシートに書いた英文を見ないようにします。イラストメモだけを見て冬休みの思い出を紹介するようにしました。最初は難しかったようですが，忘れたら裏返してワークシートの英文を確認し，またイラストメモだけを見て紹介することを続けているうちにできるようになってきました。慣れてくると順番を入れ替えて話すこともすぐにできるように

なりました。

「書く（整理する）」→「発表する」，という流れは，メモを見ながら，即興的に話すことにも繋がり，丁寧にステップを踏むことで，児童は自信を持って発表できるようになります。これまで例文を参考にして，伝えたいことを書き写しながら文にまとめてきたことで，紹介する表現と内容が頭の中で整理されているので，イラストメモを見るだけで話せるようになったのだと思います。このことから，書くことが，伝えたいことを整理するという言語活動の大事な要素の一つであることがわかります。

　教科書の巻末や別冊にある，イラスト付きの語句や表現のリストを活用することもできます。例文を見て例文を参照しながら，書き方や語順などにも意識を向けながら途中まで書き，自分の考えや気持ちに合う語句や表現を巻末やイラスト辞書から探して選び，書き写します。この時，一番大事なのは，語句や表現を選ぶ時に，そこに児童が自分の考えや気持ちを乗せているかどうかです。書くことに主体的に取り組みだした児童は，自分が伝えたい語句や表現を探し求めて行きます。それが語句や表現リストにあった時，児童は伝えたい思いを込めて書き写します。これが「書くこと」の言語活動のサポートの一例です。児童が考えや気持ちを文字に書いて伝えたいという思いを持った時に，必要とする語句や表現にすぐアクセスできると，高いモチベーションを保ったまま書く活動に取り組むことができます。そのためには，普段から児童の実態把握を行い，書くことの負担感を軽減するために内容を焦点化して書かせるなど，丁寧な「書くこと」の指導が重要です。

5 評価のポイント（小ネタ編）

　英語の文を書くことは，小学生にとって，なかなか難しい活動です。例えば，以下の児童の作品例を見ながら，「書くこと」の評価について考えてみましょう。この児童の英文には，単語と単語の間にスペースがありません。

Iwenttomygrandparents house.

　単元の前半であれば，まずは例文を書き写して1文を完成させていることを褒めます。「書くこと」の初期段階では記録に残す評価はしません。書くことの評価は，児童の成長を寛容な心で支援していくことが大切です。おじいちゃんの家に行ったんだね，よく頑張って長い英語の文を書いたねと褒めます。例えば，国語の例で考えてみます。冬休みの思い出の作文の漢字や表現の間違いを，先生に赤ペンで直された作文が戻ってきたとします。それを見た児童は，書き直してもっとよい作文にしよう！という気持ちにはなりません。この作文，楽しい気持ちが伝わってきたよ。頑張って書いたね。という声かけをすれば，児童は，また作文を書こうと

いう気持ちになります。

　単語と単語の間にスペースがない書き方は，学習の初期段階でよく見られます。どうしたら単語と単語の間を意識して書くようになるのでしょうか？スペースに注意が向くように，次のような支援を考えました。

```
┌─────────────────────────────────────────────────────────────────┐
│   ┌──────────────┐           ┌──────────────────────┐           │
│   │ ははははははじめ │    →      │ はは　は　は　はじめから │           │
│   │ からじょうぶだ  │           │ じょうぶだ            │           │
│   └──────────────┘           └──────────────────────┘           │
│         〔母は，歯は，はじめからじょうぶだ。〕                      │
│  T：適切なスペースがないと読みにくいし，読み方も意味も変わってしまうね。    │
│     隙間がないと，英語でも同じようなことになるからスペースを開けよう。    │
└─────────────────────────────────────────────────────────────────┘
```

　このように，どの児童にも理解しやすい手立てを考えて指導し，実際に語のスペースを空けることに気を付けるようになったかを評価します。

　また，次の児童の文で評価を考えてみましょう。地名の頭文字やヘボン式ローマ字の tsu と tu の表記にゆれがあります。

```
I went to the aizuwakamatsu.          I went to Aizuwakamatu.
I enjoyed shopping.                    I enjoyed shopping.
```

　まずは，「単語と単語のスペースをしっかりとって書いていてわかりやすいね。」「文字をとても丁寧に書いていて読みやすいね。」「会津若松はいいところですね。お土産もたくさんあって買い物が楽しそうですね。」などと，児童が書いた時の思いを認めます。その上で，「何か気付いたところはありますか？書く時に迷ったり悩んだりするところはありますか？」と尋ねます。地名の頭文字の大文字のところや tu と tsu の違いなどの気付きを取り上げて，みんなで確認をしていきます。このように全員で，間違えやすい課題を考えることで，自分で間違いに気付いて修正できる力を付けることができ，やがて正確に書くことに繋がっていきます。児童作品を取り上げる時は，間違いを指摘するというよりも，次に書く時に迷わず悩まずに正しく書くためにどうすべきか考えようという姿勢で配慮していきます。また，「考えや気持ちが伝わる工夫をした文は，どんな順番で書いているかな？」「A評価をもらっている児童は，どんなことに気を付けて書いているかな？」というように，児童と評価基準を一緒に考え，児童に評価する力を付けていくことが大切です。共通理解された評価は，児童が目指す学習目標にもなり，もっと伝わるように書いてみたいという，高いモチベーションを持続させることに繋がります。

　自分たちの町や地域を紹介するワークシートでは，住んでいる場所についての情報を書くようにしました。自分が住んでいる住所について，範囲を狭めていく表現の繰り返しが楽しいらしく，これを書いた後に積極的に友達と聞き合う活動につながりました。また，地域にある施設や建物の有無を書くワークシートでは，「青葉区ならないけど，仙台市にすればある」など，住んでいる範囲をどこに設定するかで，伝えたい表現が変わるところが面白いようで，一人一人，考えながら語句を選んで書くことができました。（下ワークシート）

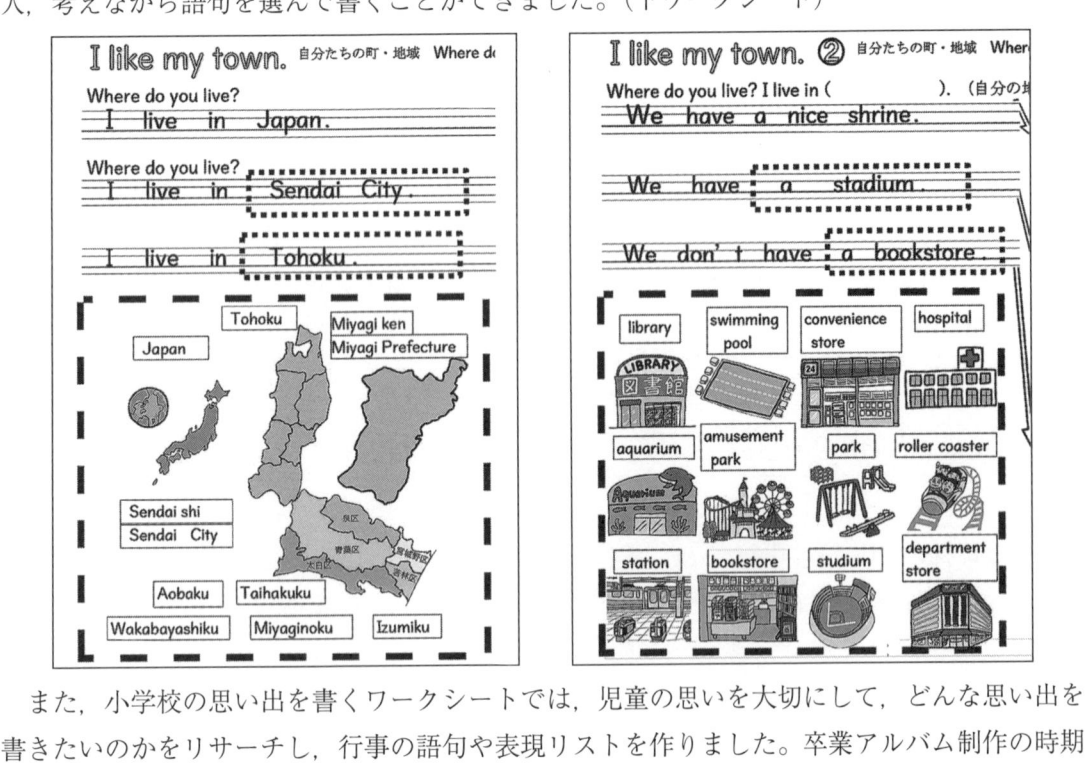

　また，小学校の思い出を書くワークシートでは，児童の思いを大切にして，どんな思い出を書きたいのかをリサーチし，行事の語句や表現リストを作りました。卒業アルバム制作の時期でもあり，文集の思い出ランキングなども参考にして，児童が選びたくなるような語句リストを含んだワークシートを作成して使用しました。

　小学校の思い出を選ぶ時には，児童は悩みながら書き写していました。思い出にぴったりな感想をどれにしようかと考えている場面もあり，選んでいる語句に，児童一人一人の考えや気持ちが結びついていることを感じました。

　さらに，これまでヒントとなるイラストのあるワークシートに慣れてきたので，最後はイラストをなくし，文字だけのワークシートで書かせてみました。（図3）何を書くかをイメージしやすいように，目や顔，唇やハートなどの絵文字と一緒に提示しています。児童の伝えたいことは頭の中にあり，表記を確かめるためのメモとして書き写しているので，文字だけでもあまり抵抗なく書けるようになってきました。

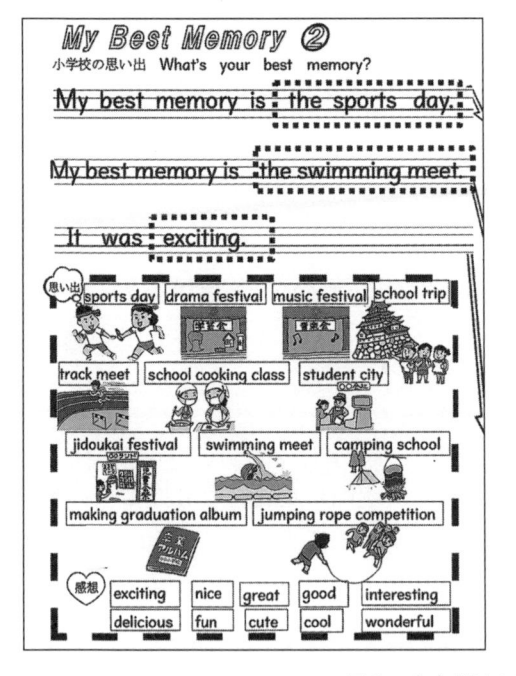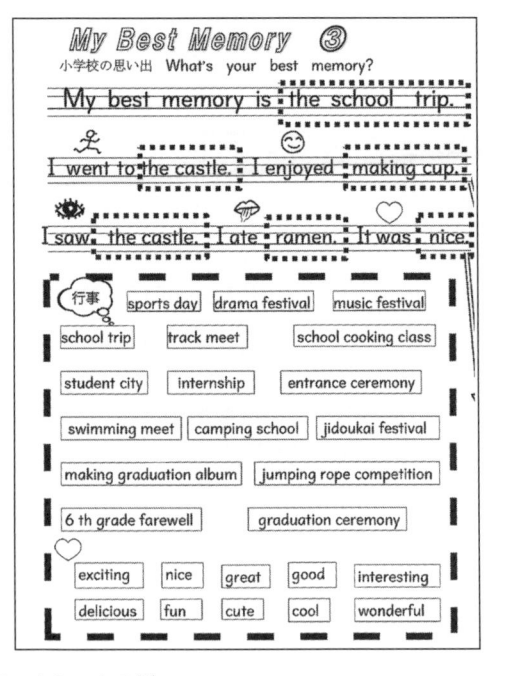

QR2

図3　文字だけのワークシートの例

　以上のように，児童が考えや気持ちに合った語句や表現が，目の前のワークシート，教科書のイラスト，辞書や教室の掲示など，児童の身近にあることが大切です。また，英語を書く時に場面や状況設定を工夫することで，児童の本当に伝えたい考えや気持ちを表現しやすくなります。児童の思いや表現したいことをいつでもサポートできるような環境を作ることが，「書くこと」の言語活動を行う重要なポイントであると考えています。

Point

●このレシピのポイント　　　　　　　　　　　　　●岐阜聖徳学園大学　加藤拓由●

　本稿では，栄利先生が丁寧に積み重ねてきた「書くこと」の指導事例を紹介している。本実践の特徴の一つ目は，書くための「手掛かり」が周到に用意されていることである。栄利先生は，授業内での児童の発話を観察し，そこで使用されている語彙を着実に記録している。また，日常会話から，児童が英語のやり取りでも使用したくなるであろう語句を拾い，ワークシートに追記している。これにより，児童は教科書にない語句でも，本当に表現したい言葉を「写して書く」ことができる。

　特徴の二つ目は，「書くこと」の中身を焦点化し，児童が意欲的に書いてみたいと思う「仕掛け」が施されてる点である。例えば，どんなお餅を食べたか？という話題や，住んでいる場所を広い場所から狭い場所へ絞って書いていくなど，児童の「書くこと」へのモチベーションをアップさせて指導に活かしているところに，確かな指導技術を感じる。

　特徴の三つ目は，「書く（整理する）」→「発表する」のように，書くことが最終目標になっていない点である。児童はワークシートに，自分が本当に伝えたいことを選んで書くことにより思考を整理する。次に，書かれた内容を参考にして，伝える順番や内容を再構成して，やり取りや発表に繋げている。このように本実践は「書くこと」本来の意義を十分に活かした，優れた言語活動のレシピである。

Q1

中学年でも言語活動を行うのですか？

A1

中学年でも言語活動を行いますし，外国語活動の時間があれば低学年でも行いたいものです。

●幡井理恵●

❶言語活動は必要不可欠

「小学校外国語活動・外国語研修ガイドブック」では，「実際に英語を使用して，互いの考えや気持ちを伝え合う」活動を言語活動と記しています。英語に関する「知識及び技能」を活用しながら，情報を整理しつつ考えなどを形成する「思考力，判断力，表現力等」を育成するために取り組ませるもので，「学びに向かう力，人間性等」を含めた三つの資質・能力を育成するために，言語活動は必要不可欠なものと言えます。児童の興味・関心や発達段階に合った内容を扱う中で，そこに出てくる語彙や表現の反復練習を行うのではなく，「誰に対して」（相手意識）「何のために」（目的意識）言葉を使うのかによって，児童の中での選択や，児童の創造性を取り入れた広がりが生まれるような指導を，小学校英語教育の早い段階から行っていきたいものです。

❷素地から基礎へ，中学年から高学年への橋渡し

中学年では児童の言葉のストックが少ないことが考えられ，言語活動を行うのは難しいと思われるかもしれません。しかし，そのような中でも，自分の思いを伝えるために，持っている言葉の中からどれを使って伝えるのか，児童自ら考えながら言葉を紡いでいくという体験をさせましょう。本書で示してきた通り，既存の教材や他教科の題材に少しアレンジを加えるだけで，中学年でも「聞く」「話す」という音声ベースの言語活動を行うことが可能になります。

また，先生や友達との関わりのある言語活動の中では，相手の意図をくみ取ったり，自分が伝えたいことを判断して伝えたりする力も身に付けさせたいものです。児童は，時にわからない，伝わらないといったもどかしさを感じることもあるでしょうが，その体験自体を大切にしましょう。教室という安心できる環境での学習を通して，そのもどかしさをどのように埋めていくのか，様々な言語活動を通して，答えを自分で見つけ試してみる体験をさせることが大事です。その体験が，学びへの向かい方を身に付ける助走期間となり，高学年での教科外国語指導や言語活動の基盤に，ひいてはその後も続く英語学習への土台にもなると思います。

[参考文献] 直山木綿子（2021）.「外国語教育における指導の在り方の確認」『初等教育資料 2021年2月号』東洋館出版.

Q2

言語活動って，毎時間行うのでしょうか？

A2

はい。毎時間行います。

●羽田あずさ●

❶使いながら慣れていく，身に付ける

本書 CHAPTER 3 の pp.020-021 で解説されているように，外国語活動・外国語科ともに「言語活動を通して」コミュニケーションを図る素地（基礎）となる資質・能力を育成します。

例えば，体育のバスケットボールの指導を思い浮かべてください。パス練習，ドリブル練習，シュート練習に終始して試合を単元の最後だけ行う，ということはありませんね。ミニゲームをして個人やチームの課題が出てきて，それを解決するために練習をしたり作戦を立てたりを毎時間繰り返して，技能を身に付けたり試合に慣れていったりしますよね。外国語活動・外国語科でも同様に，スモールステップで，毎時間互いの考えや気持ちを伝え合う言語活動を設定します。言語材料を使いながら慣れ，言語材料を選択し自分の思考を表現する力を身に付けていきます。まずはやってみることで困りが出てきたり，さらに伝えたいという意欲に繋がったりします。コミュニケーションの目的や場面，状況が明確に設定された言語活動を毎時間積み重ねることで，単元の最終的な言語活動がより充実し，達成感を味わえるものになります。

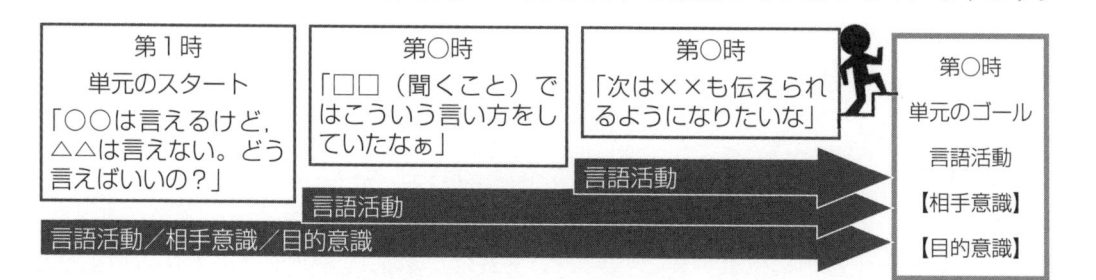

❷インプット（聞くこと）からアウトプット（話すこと）へ

「聞くこと」から「話すこと」への活動の流れが大切です。ただし，機械的な「聞く」活動ではなく，単元のゴールとなる言語活動に向かうための必然性のある「聞く」活動の設定が欠かせません（例えば，ALT に自分たちの町紹介をする際，「ALT の町について知るために話を聞く」など）。「聞く」活動に相手意識や目的意識を働かせることで目的や場面，状況を意識した「話す」言語活動に繋がっていきます。

Q3

ALTとTTで言語活動をどのように行えばよいですか？

A3

まずは，先生が率先して言葉を使うモデルになりましょう。
以下の手順で進められてみてはいかがでしょうか。

●松崎奈穂●

❶最初に，ALTと言語活動を行う場面にはどのようなものがあるか考えてみましょう

授業の中でT1とT2で言語活動を行うその多くは，単元導入やSmall Talk，デモンストレーションの場面ではないでしょうか。指導者とALTが話している様子を子供たちが聞くという「聞くこと」の言語活動になることが多いと思います。このようにして，その活動を行う場面を考えると，その目的がはっきりとしてきます。例えば，デモンストレーションであれば，その後に行う活動の目的や進め方を知ることが目的となります。

❷目的や場面，状況が決まったら，台本を作ってみましょう

言語活動のねらいに向かって，次のことに気を付けながら，ALTと会話例を作成します。
・その話題が子供たちの身近なものになっているか。
・子供たちの「聞きたい」「知りたい」という興味・関心を高められる内容になっているか。
・子供たちが既習事項を基に会話の内容を推測できるよう，使う英語を選んでいるか。

できあがったら，実際にALTと会話してみます。英語で話すことに自信がないようであれば，原稿を見ながら挑戦することから始めるのもいいでしょう。まずは，子供たちにとって指導者が「英語を使うモデル」となることが一番重要です。指導者が楽しそうにALTと会話する姿は，子供たちの「英語を使って思いをやり取りしたい」という意欲を高めることにも繋がります。

また，英語を話すことに慣れている指導者であれば，事前にトピックや大体の使用表現をALTと打ち合わせておき，授業で即興のやり取りをしながら，会話にライブ感をもたせるやり方もあります。台本がないので，指導者同士が話す話の中に互いが知らない情報や意外性のある内容が含まれていると，本当に驚いたり感動したりする場面が自然と生まれてきます。その際，子供たちの気持ちに寄り添い，ともにリアクションしながら話を進めていくと，無理なく子供たちをその会話に引き込んでいくことができます。実際の取組例はCHAPTER5の「聞くこと」の言語活動（p.058）にてQRコードで紹介していますので，ぜひ参考にしてください。

Q4

英語に自信がなくても，言語活動はできますか？

A4

もちろん，できます。

●黒木愛●

❶教師は児童にとってコミュニケーションモデルです

そもそも，小学校教諭で胸を張って「英語に自信があります！」と答えられる人はどのくらいいるものでしょうか。実はとても少数派では，と思っています。私たち教師は，英語を児童に教える以前に，英語を使ったコミュニケーションの仕方を教えるという意識が大切であると思います。教師は児童にとってコミュニケーションモデルです。児童は教師が英語を使う姿をよく見て，真似をすることがとても上手です。相手を意識しながら聞いたり，話したりすることは，私たち教師が普段他教科の授業でもしていることです。そこで提案です。たとえ英語に自信がなかったとしても，「英語に自信がない」と思うことをまずはやめてみませんか。外国語も他の教科と同じように，自分自身の考えや気持ちを伝えて自分らしさを出して授業をしてみてください。きっと豊かな言語活動になると思います。

❷ Learning by doing!

小学校の外国語活動・外国語科では，英語を流暢に話すことができる教師が必ずしも良い授業ができる教師とは限りません。むしろ，「英語が専門ではないけれども，授業をしていて楽しい」と思いながら，努力を重ねている教師の学級の方が，児童も生き生きと授業を受けているように思います。まずは，児童がその単元で使う表現を教師が必ず英語で言うようにするところから始めてみましょう。授業で話す英語を書き出してみるのもよいと思います。そしてLearning by doing，児童と一緒に授業をしながら学んでいく気持ちで授業に臨みましょう。教師一人で英語を使って進めようと思わなくても大丈夫。ALT とやり取りをしながら進める，児童の反応を拾いながら進めるなど「言語活動を通して」を意識して授業をするようにしてみましょう。

❸「小さな言語活動」を重ねてみましょう

言語活動というと単元終末の大きな活動と思いがちですが，毎時間の小さな言語活動の積み重ねが大切と考えています。色を扱う単元で「もし，今日花束をもらうとしたら何色？」や，動物を扱う単元で「もし，ペットを飼うとしたら何？」など，そんな，自分の考えや気持ちを伝える活動も楽しいと思います。日本語で伝え合って楽しいことを英語でもしてみましょう。実は言語活動って，そんなに難しいことではないのです。

Q5

言語活動って，全部英語で行うのでしょうか？

A5

いいえ。「全部英語で行わなければならない」というものではありません。

●髙田実里●

●大切なのは，学んでいる子供たちの実態から授業を考え，共に楽しむこと

「言語活動」において，英語を用いるという意識は十分にもっておく必要があります。しかし，外国語によるコミュニケーションを学ぶ児童や指導に関わる教師も，「使いながら学び続ける学習者」です。初めから「全部英語で」と気負うことなく，子供たちが「今の力で挑戦できる英語で伝え合ってみたい！」とわくわくする題材や言語活動を考えることからスタートしてみましょう。

以前行った，「話すこと［発表］」の言語活動の様子をご紹介します。JTE や ALT の仰天エピソードを英語で楽しみながら見聞きした後，児童は「自分たちも約10年の人生を振り返り，

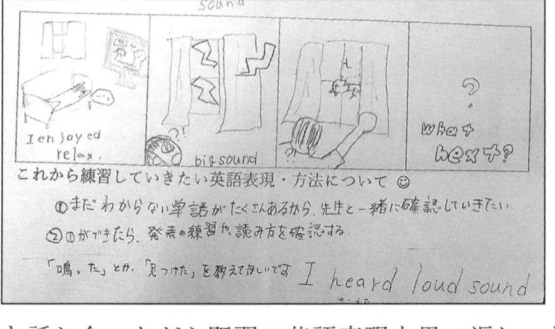

友達や ALT が驚いたり笑ったりするエピソードを紹介したい」という目的意識をもちました。この児童は4コママンガで「①ある日，部屋の中でリラックスしていると，②大きな音が聞こえて，③窓の辺りに鳥が見えた。④次に何が起きたでしょう？」というクイズを作りました。実話を基に構想する中で，友達と話し合いながら既習の英語表現を思い返し，どう表現できそうか考えています。友達と英語で表現することを試す中で，音声で十分に慣れ親しんでいくべき語彙や表現に出会い直すこともあります。さらに，メモを見ると，次の学習に向けて「英語表現がわからないから学びたい」と具体的に考えていることがわかります。新たな語彙や表現を習得して使えるようになる過程では，3コマ目の "I saw a bird. The bird came into my room." といった表現が言えなくても，「A bird ヒュ〜！（外から中に入るようなジェスチャー）my room!」というような擬音語混じりの英語表現を使ったり，部分的に日本語が混ざったりすることはよくあります。教師はそのような児童のチャレンジを見取り，一緒に楽しみながら，どのように表現できるか，共に考え，実際に使ってみたり練習したりする中で学ぶ意識が大切ではないでしょうか。

Q6

教科書の問いでも言語活動はできるのですか？

A6

「自分だったら？」と自分事として考えるように
教科書の問いにいざないます。

●奥平明香●

❶「こんなことを言ってみたいな」という思いを芽生えさせる（単元への導入）

　言語活動をより豊かなものにするためには，伝えたい内容への「思い」が必須です。単元の導入時では大体の内容をつかむ「聞くこと」の活動が設定されています。「聞くこと」が「話すこと」の言語活動へのモチベーションを効果的に高めるようにします。まずは自分のことを想起させ，どんな小さなことであっても「自分のこんなことを言ってみたいな」と思えるように，発問に工夫して，聞く活動の充実を目指します。次に，家事や日課を伝える5年生での単元を例に紹介していきます。

❷「聞くこと」の言語活動 "扉のページ編"（単元初期）

　教科書の扉のページは，初発のリスニングなのでわからない語や表現があり，児童にとっては「聞くこと」に対する不安感が高い時期でもあります。その点に配慮して，まずは楽しく聞く活動に導入することが重要です。私は「何をしているかな？」に加え，「今朝（昨晩）の自分と同じ（似ている）ことをしている子はいるかな？何人いるかな？」など，自分のことを想起するような発問をします。内容面にフォーカスするような聞き方をさせると，児童は正誤の視点にとらわれすぎず，意欲的に聞こうとします。自分と比べて聞くことで，「僕だったらね〜！」など，自分のことを語りだす児童も現れ，聞いた後の反応がポジティブになります。

QR1

❸つい本音を語りたくなる「やり取り」の言語活動 "Think & Say 編"（単元半ば以降）

　Small Talk で，私の5年生の頃の日課「毎朝の鶏のえさやりとたまごとり」を話し，「自分も本当のことを話したい」という児童の思いに火をつけることができました。教科書の問いの一部の自由記述欄には "トイレのスリッパ並べ" "妹のおやつのお世話" などがイラストで記入されていました。未習の表現でありながらも，工夫して自分の本当のことを伝えてみたくなったのです。「ほんのささいなことであっても，つい本音を語りたくなる」そのような児童の思いを日常的に大事にすることで，おなじみのクラスメイトであっても互いのことをもっと知りたくなり，やり取りの価値がぐっと高まります。そうすることで，たとえ教科書の問いであっても，本当のことを伝え合う姿が生まれる豊かな言語活動を行うことが可能になります。

※児童のイラストの例は，QR1を参照

Q7

目的や場面，状況に配慮するとは，どういうことですか？

A7

児童が「本当に伝えたい」という思いをもてるよう，
場面設定の工夫をすることです。

●長谷川郁貴●

●知らないことだから聞きたくなる　A君が同じサッカークラブに通うB君に対して質問しています。

A君：What sport do you like?（どうせ，サッカーでしょ。）

B君：I like soccer.（サッカー好きなの知っているでしょ。）What sport do you like?

A君：I like soccer.

　学級でこのような子供の姿はありませんか？このように，聞かなくてもわかる情報を英語で伝え合う姿は自然ではありません。表現の練習にはなるかもしれませんが，言語活動のポイントである「互いの考えや気持ちを伝え合う」ことからは大きく離れた姿になってしまいます。同じ学級で生活していれば，好きなスポーツ，好きな教科，習い事など，英語で伝え合う前から友達についての情報を知っていることも多いでしょう。では，どうすれば，児童がお互いのことを聞いてみたいという活動になるのでしょうか。

【事例①】友達のことをよりよく知るために「自分だけが知っている○○さんの秘密」を調べようという言語活動を行いました。What △△ do you like? を使ってインタビューしました。単純な工夫ですが，子供は意欲的に活動に取り組みます。

A君：What singer do you like?

B君：I like 髭男.

A君：えぇ，Really? Me too. What song do you like?

B君：I like "PRETENDER."

A君：Me, too. I love "PRETENDER". Anything else?

B君：I like "YESTERDAY." *I like the *intro* music.（会話は続きます）

【事例②】日本の文化を紹介する単元があります。教科書では例として折り紙やかるたなどを紹介していますが，全員が知っている内容を友達とやり取りするのは不自然です。そこで各都道府県の有名な食べ物を調べ，紹介し合う言語活動を考えました。児童は「おじいちゃんが住んでいる○○県にしようかな」，「前に家族で旅行した△△県を調べたい」と，自分に関係の深い，意味のある内容をタブレット端末で調べた上で交流します。交流するまで自分が調べたものは秘密にさせておきます。「友達に調べたことを伝えたい」，「友達が調べたことを知りたい」という意欲を持って言語活動に取り組むことができます。※会話例は，QR1を参照

Q8

簡単すぎる言語活動だと児童が飽きないでしょうか？

A8
同じ言語材料でも目的や場面，状況を変えると興味が高まります。

●栄利滋人●

❶好きな色は薄紫だけ？

"What color do you like?" という言語材料は，6年生にとっては簡単すぎる英語かもしれません。薄紫色が好きな子が "I like light purple." と何となく答えているかもしれません。しかし，目的や場面，状況を変えると違う色を選ぶでしょう。例えば，学級でTシャツ作りをして，みんなで着るTシャツの色を選ぶというやり取りをしたとします。"What color do you like?" と質問すれば，「自分は薄紫色が好きだけど，男子も着るからネイビーの方がいいかな？」と考えたりします。他の例で言えば，気分転換で部屋の壁紙を変えるとしたら何色が好き？新しいスニーカーを買うとしたら何色が好き？同じ言語材料でも，場面設定が違えば考えも変わり，友達が答える色は何色だろう？と気になります。簡単な言語材料でも目的や場面，状況の設定により，答えの中身はずいぶん深いものになります。

❷みんなが答える英語を聞いて考える

"What color do you like?" の言語材料を次の場面で尋ねるとどうなるでしょう。児童会のお祭りで着るTシャツで，この中から好きな色を選ぶやり取りをします。学級で話し合って明るいお店の感じにしたいので，なるべく色々な色のTシャツにしようという目的で会話をします。友達が "I like blue." と答えると，"Oh, I like blue, too. I like light blue. Do you like light blue?" とリアクションをし，会話を続けていきます。また，他の児童に "What color do you like?" と尋ねます。"I like pink. Oh, You like pink, too. Me too. Really? We like pink. I will change my color." なるべく人と同じ色にならないようにという目的があると，答える色が変わるかもしれません。みんなが答える色を聞いた後，友達と同じ色が多くなった状況を知って，英語を使いながら考え，即興的に判断して色を変えて会話を楽しむことができます。

色などの簡単な言語材料は，子供たちが言いやすいものでもあります。漠然とした尋ねることを続けていれば飽きてくるかもしれません。しかし，簡単な言語材料は言いやすいからこそ，そこに目的や場面，状況を設定することで，知っている言語材料を自分で選んで自分の考えを伝えようとする深い言語活動を作るチャンスでもあります。

特別寄稿

選りすぐりシェフ　夢の競演

●文部科学省教科書調査官　池田勝久●

言語活動と「概念化能力」

　仕事柄，毎日のように言語活動が掲載された書籍や文献に目を通している。「うん！」と感心させられるものもあるが，「うん？」と首をかしげたくなるものもある。私の目の付け所はいつも同じである。その言語活動を行うことによって子どもにどんな学びが生まれるのか，どんな力が育つのかである。むしろ子どものある特定の力の育成を阻害するような活動に出会うことも少なくない。授業を参観する場合も同様である。その活動が授業の中でどう位置付いているかを見る。無理矢理に押し込んでいる場合や，わざわざ使わなくても十分に授業が成立する場合はないだろうか。

　私が教師に求める資質・力量の中で最も重要な力は「概念化能力」である。ものの本質や意味を理解する力である。「ものづくり」全般において共通に求められるものであるが，学校教育の世界では，特に単元開発や教材開発，授業開発に求められる力である。教師には「この単元で，この題材で，この授業でどんな活動を仕組んで，どのような力を育みたいのか」をしっかり持っていることが重要である。良質の言語活動を仕組むことによってまさに「芋づる式」に多様で豊かな学力を伸ばしていく。この良質の言語活動とその組み合わせや扱い方を記載したレシピがあれば，子どもたちの多様な力，いわゆる「生きる力」を引き出し伸ばすことができる。それは教師としての醍醐味の一つである。

単品料理からコース料理へ

　授業を料理に喩えると，子どもが客人で，教師は料理人である。学習内容は野菜や肉といった素材である。スーパーで一年中手に入れることができる素材も美味しいが，客人を喜ばせるために産地に足を運んで手に入れた，旬の新鮮野菜や地物は格段に美味しく栄養価も高い。教師の地域理解や子どもたちとの密接なかかわりが大きくものをいうところである。素材は調理次第でその良さが生かされ，より美味しくなり，かつ十分な栄養価を保つことができる。美味しい料理には子どもたちは舌鼓を打ちながら，その味を楽しみつつ平らげてしまうだろう。もっと食べたいと強く思うに違いない。

　優れた料理人は，素材の良さを生かし，栄養価を落とさず，客人の食べたいという気持ちを

高めるのだが，一般の料理人でも調理のための高邁な知識や特殊な技能が求められない理想的なレシピなどが存在するのだろうか。

　本書は理想的な調理法がいっぱい詰まった総合料理本である。だが，一般の料理人には手の届かない完璧な単品料理を紹介するのではなく，複数の料理を有機的に組み合わせるコース料理，つまり単元構想を載せている。単元レベルで子どもの学びを構成し，多様な「生きる力」「資質・能力」をまさに芋づる式に引き出し伸ばしていくコースメニューづくりがなされているのである。

選りすぐりシェフの夢の競演とミニシェフの誕生

　本書では，小学校英語の言語活動において腕利きのシェフを９名集めることができた。そして，この９名のシェフを束ねるグランシェフ（総料理長）をさらに３名揃え，まさに「夢の競演」を実現させている。この総合料理本が完成するまでの過程で，私もオブザーバー参加させていただいたが，「調理法の学び合い」「試作メニューの紹介」「評判のレシピを共有」といったシェフ相互による情報交換やグランシェフからのアドバイスも得ながら，じっくりと時間をかけてコース料理を完成させてきたのである。

　是非ともコース料理の一つ一つを紐解いていただきたい。いずれも珠玉の実践である。そして，本書で紹介された調理法が難解でないことは，子どもの姿が示している。子どもたちの「活動したい」という思いを引き出すとともに，その思いの実現を容易にしている。子どもが教師の期待を超える学びを実現しているのである。つまり，子どもが見つけ出した素材を，子ども自らが調理することを可能にしているのである。今，次々とミニシェフが誕生し，「主体的・対話的で深い学び」を始めている。将来，彼らは自ら創作した料理を仲間と共に楽しみながら味わう喜びを，きっと実感していくことになるだろう。

教科書検定で見る言語活動の判断

　今年３月30日，令和４年度から高等学校において使用される教科用図書の検定結果が公表された。これによって，小学校から高等学校の全ての校種で，新学習指導要領の下での検定結果が示されたことになる。ご承知の通り，教科書検定は教科書検定基準に基づいて行われる訳だが，今回の学習指導要領の改訂に合わせて，平成29年５月23日教科用図書検定調査審議会において「教科書の改善について（報告）」が取りまとめられた。この報告では，次期学習指導要領の実施に対応した教科書やデジタル教科書の導入の検討に関連した教科書の改善方策，教科書検定手続きの改善方策等について提言され，この提言を踏まえ，平成29年８月10日義務教育諸学校教科用図書検定基準が告示された。その中でも外国語科は，教科固有の条件として以下

の特筆すべき改訂がなされた。

義務教育諸学校教科用図書検定基準（高等学校教科用図書検定基準もほぼ同様）

> 第3章　教科固有の条件　［外国語科］
>
> 1　選択・扱い及び構成・排列
>
> (1)　省略（五領域別の目標との関係を明示することについて）
>
> (2)　小学校学習指導要領第2章第10節の第2「各言語の目標及び内容等」の2「内容」の(1)のウの(ア)及び中学校学習指導要領第2章第9節の第2「各言語の目標及び内容等」の2「内容」の(1)のウの(ア)については，「聞くこと」，「読むこと」，「話すこと［やり取り］」，「話すこと［発表］」，「書くこと」の五つの領域別の目標を達成するために必要となる語を言語活動と効果的に関連付けて取り上げており，実際のコミュニケーションにおいて活用できるよう適切な配慮がされていること。
>
> (3)　小学校学習指導要領第2章第10節の第2「各言語の目標及び内容等」の2「内容」の(1)のエに示す「文及び文構造」及び中学校学習指導要領第2章第9節の第2「各言語の目標及び内容等」の2「内容」の(1)のエに示す「文，文構造及び文法事項」については，言語活動と効果的に関連付けて取り上げており，用語や用法の指導に偏ることがないよう適切な配慮がされていること。
>
> (4)　省略（音声資料を参照させるためウェブページアドレス等について）
>
> 2　正確性及び表記・表現（省略）

この教科固有の条件の改正により，平成30年度からの検定が大きく様変わりした。

具体的には，初めて言語活動に関わる意見を付すことで，対象図書の活動内容に対して一歩踏み込んだ検定がなされるようになった。特に高等学校では言語活動に関わる意見数が小学校の4倍以上に及んだ。これによって，多くの教科書に文法問題集のような印象があったが，そのイメージが払拭された。

さらに，教科固有の条件を言語活動に関わる1−(2)と1−(3)の意見数を調べると，校種ごとの特徴が分かる。小学校では，主に見開きページ又は巻末に収められたカテゴリー別のワードリスト等に掲載された語が，実際のコミュニケーションにおいて活用できるように適切に配慮されていないという1−(2)の意見が約9割を占め，1−(3)（基本的な英文を言語活動と関連付けずに否定文・疑問文を例示しているなど）の割合は約1割にとどまった。中学校ではこの割合が3：7と逆転し，高等学校では全て1−(3)の意見となった。これは「文，文構造及び文法事項」の指導内容が上級学校になるにしたがって増加することが原因と考えられる。

ここで留意したいのは，1−(2)と1−(3)の条件となる「言語活動と効果的に関連付けて」の「言語活動」の定義が学習指導要領にも検定基準にも示されていないことである。そのため，教科書検定時の調査意見及び審議意見においては，「小学校外国語活動・外国語研修ガイドブック」に書かれた定義や教科調査官の発言を参考にしながら言語活動か否かを判断している。

では，実際にどのような活動が言語活動として見なされなかったのかを考察してみる。小学校の対象図書においては，教科固有の条件１−(2)の「語」の取り上げ方に関する意見が多かったことと言語材料が限られているためにシンプルな言語活動が多いことの理由から，小・中・高等学校で一貫した目標を実現するのであれば，その最終段階である高等学校から数多くの事例を取り上げてみて，言語活動が成立するための要因を分析しようと試みた。言語活動として成立しているかどうかを判断するためには，たった一つの基準によるものではなく，複数の要因が関係しており，各要因のバランスによって総合的に判断される。特に教科書検定においては，紙面上での判断であるため検定特有の要因も存在する。

　以下が，判断の根拠となった主な要因である。

A．学習者が英語を産出する自由度があるかどうか。指示文に対して想定される言語材料しか選べないのか，あるいは複数の言語材料を選択することが可能であるのか。

B．自分の思いや考えを伝えることができるかどうか。形式的に言語材料を入れ替えるだけの活動なのか，あるいは自分の立場に合った言語材料を選択できるのか。

C．目的や場面，状況等が設定されているかどうか。ねらいとする言語材料の英文だけが提示されているのか，あるいはその前後に複数の英文があり文脈が存在しているのか。

D．イラストによって，C（文脈）やB（思い・考え）を代償できているかどうか。

E．高校生としてまとまった量の英文を産出しているかどうか。（段落サイズの文章を書く等）

　これらの要因から判断する限り，「歌やチャンツ」「単語の発音練習」「適語選択」「空所（下線）補充問題」「整序問題」「和文英訳」は言語活動には当てはまらない。また，「話すこと」「書くこと」において英文の産出が想定される場合，Aの自由度が保証されていても，何でも表現すればよい訳ではなく文脈が必要となる。Cの目的・場面・状況が設定されていても，活動がそれらに関係ない場合（空欄補充問題等）は言語活動には当てはまらない，などのように複合的な要因で判断されるため，判断基準を単純に示すことは不可能ではあるが，言語活動か否かボーダーライン上の活動の多くは，AとCの両方の要因が含まれているかどうか及びそのバランスは適切かで判断されている。繰り返すが，ここでの考察は教科書検定上の言語活動の定義であり，必ずしも一般的な言語活動の定義と合致するものではないかもしれない。検定上，言語活動と認められた活動にも，質的量的に様々な段階の言語活動が存在するであろうし，それらをランク付けしている訳ではない。ただ重要なことは，単元の終末段階だけに言語活動を設定するのではなく，単元の初期でもいろいろな段階の言語活動を組み合わせてコース料理を構想するということだ。しかも，練習の活動も含めて，それぞれの料理につながりがなければならない。このコースメニューづくりの方法は，英語のレベルが上がる中学校・高等学校においても全く同様なのである。ぜひこの本を参考に自慢のコース料理を振舞っていただきたい。

【編著者紹介】

加藤　拓由（かとう　ひろゆき）
岐阜聖徳学園大学准教授

狩野　晶子（かの　あきこ）
上智大学短期大学部教授

東　仁美（ひがし　ひとみ）
聖学院大学教授

【執筆者紹介】（執筆順）
東　　仁美　聖学院大学教授
狩野　晶子　上智大学短期大学部教授
加藤　拓由　岐阜聖徳学園大学准教授
幡井　理恵　昭和女子大学附属昭和小学校
黒木　　愛　東京都杉並区立堀之内小学校
羽田あずさ　神奈川県横須賀市立田戸小学校
宮城　　恵　沖縄県那覇市立城北小学校
松崎　奈穂　埼玉県上尾市立原市南小学校
奥平　明香　沖縄県浦添市立浦添小学校
髙田　実里　熊本大学教育学部附属小学校
長谷川郁貴　新潟大学附属新潟小学校
栄利　滋人　宮城県仙台市立国見小学校
池田　勝久　文部科学省教科書調査官

小学校英語サポートBOOKS

小学校外国語活動・外国語　とっておきの言語活動
レシピ

2021年8月初版第1刷刊　©編著者　加　藤　拓　由
　　　　　　　　　　　　　　　　狩　野　晶　子
　　　　　　　　　　　　　　　　東　　　仁　美
　　　　　　　　　　発行者　藤　原　光　政
　　　　　　　　　　発行所　明治図書出版株式会社
　　　　　　　　　　　　http://www.meijitosho.co.jp
　　　　　　（企画）木山麻衣子（校正）有海有理
　　　　〒114-0023　　東京都北区滝野川7-46-1
　　　　振替00160-5-151318　電話03(5907)6702
　　　　　　　　　　ご注文窓口　電話03(5907)6668

＊検印省略　　　　　組版所　株式会社カシヨ

Printed in Japan　　　　　ISBN978-4-18-345546-8
もれなくクーポンがもらえる！読者アンケートはこちらから